글로벌 한국어

Global Korean

글로벌 한국어 Global Korean 2A

발 행 일 | 2025.09.15.
저　　자 | 라혜민 김화영A 문민정 정진영 한지수
펴 낸 곳 | 소통
펴 낸 이 | 최도욱
디 자 인 | 조해민
삽　　화 | 임주원
주　　소 | 서울시 금천구 시흥대로 193 아람아이씨티타워 1110호
전　　화 | 070-8843-1172
팩　　스 | 0505-828-1177
이 메 일 | sotongpub@gmail.com
홈페이지 | http://www.sotongpub.com
가　　격 | 25,000원
I S B N | 979-11-91957-48-8 93700

2A MP3

글로벌 한국어

Global Korean

소통

머리말

한국어와 한국 문화에 대한 세계적인 관심이 나날이 높아지면서, 한국으로 유학을 오는 학습자들의 수가 꾸준히 증가하고 있습니다. 또한 해외 여러 나라의 중·고등학교에서는 한국어를 제2외국어로 채택하고 있으며, 한국어능력시험(TOPIK)을 시행하는 국가도 점점 늘어나고 있습니다. 이에 따라 한국의 위상은 경제적인 면뿐만 아니라 문화적인 면에서도 크게 높아졌다고 할 수 있습니다.

선문대학교 한국어교육원은 1989년 3월 개원 이래, 선생님들의 교육에 대한 열정과 경험을 담아 외국인 한국어 학습자들을 위한 다양한 교재를 꾸준히 편찬해 왔습니다. 이러한 기반 위에서 새롭게 출간한 초급 교재 1AB와 2AB는 한국어를 처음 접하는 학습자들이 쉽고 재미있게 공부할 수 있도록 그림 자료와 함께 의사소통 능력 향상에 중점을 두어 개발되었습니다.

특히 이번 초급 교재는 듣기, 읽기, 쓰기, 말하기를 통합적으로 학습할 수 있도록 구성하였으며, 한국어능력시험(TOPIK) 준비에 필수적인 어휘, 문법, 표현 학습에도 중점을 두었습니다. 이를 통해 다양한 목표를 가진 외국인 학습자들이 보다 쉽게 한국어에 다가가고, 즐겁게 학습할 수 있기를 기대합니다.

끝으로, 이번 교재 편찬에 애써 주신 모든 분들께 깊은 감사의 마음을 전합니다. 최고의 교재를 만들기 위해 노력해 주신 저자들께 진심으로 감사드리며, 늘 따뜻한 격려와 지원을 해 주신 선문대학교 문성제 총장님께도 특별한 감사를 드립니다. 아울러 교재 출판을 위해 수고해 주신 소통 출판사 사장님과 관계자 여러분께도 고마운 마음을 전합니다.

선문대학교 한국어교육원 원장

교재 구성

과	주제	제목	어휘	문법과 표현 1·2	듣기
1	초대와 축하	초대해 줘서 고마워요	축하 관련 어휘 초대 관련 어휘	-(으)ㄹ 거예요[2] -아/어 주다	취직 축하 파티 초대하기
2	취미 생활	취미가 요리여서 요즘 한국 요리를 배우고 있어요	취미 어휘[1] 취미 어휘[2]	-(으)ㄹ 줄 알다/모 르다 -아/어 보다 * '르'불규칙	취미 모임 초대하기
3	예약과 주문	제가 전화로 주문할게요	예약 및 주문 관련 어휘 미용실 관련 어휘	-이나/나 -는데요	예약 변경하기
4	고향과 명절	추석에 고향에 잘 다녀왔어요?	고향 관련 어휘 명절 어휘	-지 못하다 -지만	고향에 대해 묻고 답하기
5	한국 생활	한국 문화를 잘 몰라서 힘들었어요	한국 예절 어휘 한국의 식사 예절 어휘	-아도/어도 되다 -아서/어서[2]	한국의 교통 예절 이해하기
6	길찾기	횡단보도를 건너서 왼쪽으로 가세요	길찾기 관련 어휘 방향 어휘	-으로/로[2] -(으)면	이동 방향 설명하기
7	공공기관	태풍 때문에 하루 더 걸릴 거예요	우체국 관련 어휘 은행 관련 어휘	때문에 -(으)ㄴ/는/(으)ㄹ	은행에서 환전하는 상황 대화 듣기
8	안부	대학 생활에 많이 익숙해졌어요	안부 관련 어휘 생활 관련 어휘	-아/어지다 -게 되다	안부 묻고 약속 잡기

말하기	문법과 표현 3·4	듣고 말하기/쓰기	읽고 쓰기/말하기	과제 활동
집들이 환영하기	-(으)ㄹ까요?[2] -(으)ㄴ * 'ㅎ'불규칙	결혼식 선물 묻고 답하기	돌잔치 경험 소개하기	초대장 만들기
취미 묻고 답하기	-는데[1] 반말	취미 생활 묻고 답하기	취미 소개하기	능력 표현하기
주문 배달 방법 제안하기	-게 -네요	예약 확인하기	주문 상황 문의하고 답하기	예약하기
추석 경험 묻고 답하기	-보다 -ㄴ/는다	고향 소개하기	설날 경험 소개하기	윷놀이 배우기
한국 생활에 대해 묻고 답하기	-(으)면 안 되다 -아야/어야 하다	기숙사 규칙에 대한 대화 듣기	한국과 고향의 식사 예절 비교하기	허락 구하기
길 묻고 답하기	-(으)려고 하다 -마다	목적지까지 가는 방법 설명하기	초대장 읽기	약도 설명하기
우체국에서 소포 보내는 방법 묻고 답하기	-에게서 -기 바라다	우체국 방문 경험 말하기	공공기관 안내문 확인하기	바람 표현하기
근황 묻고 답하기	-(으)ㄴ 지 -았/었으면 좋겠다	안부 묻고 답하기	편지로 안부 전하기	희망 표현하기

일러두기 및 내용 구성

'글로벌 한국어' 2A와 2B 교재는 외국어로서의 한국어 초급 학습자들을 위한 교재이다. 2A와 2B는 각각 8개 과로 구성되었다. 각 과에는 어휘, 문법과 표현1~2, 듣기, 말하기, 문법과 표현3~4, 듣고 말하기 또는 듣고 쓰기, 읽고 쓰기 또는 읽고 말하기로 다양하게 구성되어 있다. 그리고 과제 활동, 자기 평가, 문화 읽기, 어휘 목록 등으로 이루어져 있다. 한 개 과는 8시수 수업용으로 구성되었는데 세부 내용은 다음과 같다.

○ 학습 내용

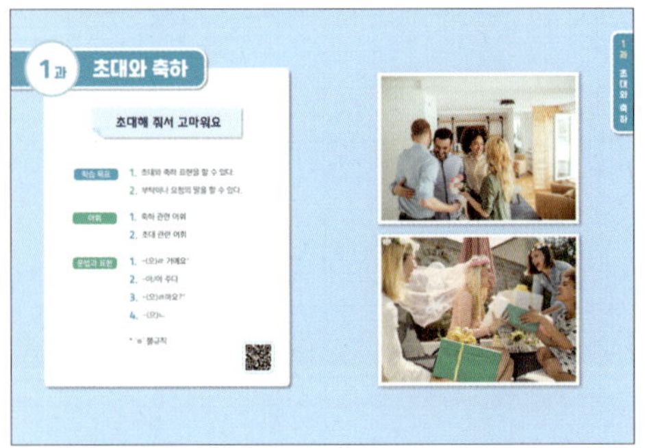

각 과의 첫 쪽에는 학습 목표를 일목요연하게 볼 수 있게 하였으며 어휘, 문법과 표현, 그리고 듣기, 말하기, 듣고 말하기/쓰기, 읽고 쓰기/말하기와 과제 활동의 기능을 제시하였다. 또한 각 과의 주제에 맞는 사진이나 그림을 넣어 학습자들이 어떤 내용을 학습할지를 예측해 보도록 하였다.

○ 어휘

'어휘'는 '국제 통용 한국어 표준 교육과정'의 각 급에 해당하는 어휘를 주제에 맞게 선정하여 제시하였다. 학습자들이 의미를 유추하여 파악할 수 있도록 사진이나 그림을 넣었고, 쓰기와 말하기 등으로 어휘를 익히며 연습할 수 있게 구성하였다.

○ 문법과 표현 1~2

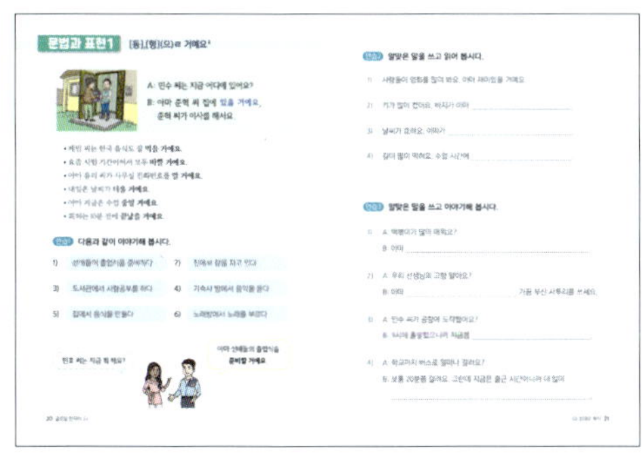

'문법과 표현1~2'는 '국제 통용 한국어 표준 교육과정'의 문법을 바탕으로 가장 빈도 높은 문법들을 골라 주제에 맞게 선정하여 제시하였다. 학습자들이 기본 문형을 익힐 수 있게 형식을 제시하였고 연습1과 연습2에서는 기본 대화와 확장 연습을 통해 유의미한 활동을 하도록 구성하였다.

○ 듣기

'듣기'에서는 도입 질문을 통해 학습자들이 듣기 내용에 대해 준비하도록 하였다. 2세트 내외의 짧은 대화나 지문을 듣고 2개의 문제를 풀면서 주제에 대한 내용을 학습하도록 구성하였다.

○ 말하기

'말하기'에서는 각 과에서 학습한 주제 어휘와 문법을 중심으로 모범 대화를 구성하여 제시하였다. '대답해 봅시다'의 2개 질문을 통해 말하기 본문을 이해했는지 학습자들이 확인하도록 하였다. 그리고 대화 내용을 바꿔서 말할 수 있도록 교체되는 부분에 색을 달리하여 제시함으로써 학습자들이 단순 대화 연습에서 머무르지 않고 유사한 내용으로 확장된 대화를 더 연습할 수 있도록 구성하였다. 더 나아가 말하기 활동을 추가해서 학습자들이 주제와 관련된 내용으로 재미있게 심화 학습을 할 수 있도록 하였다.

○ 문법과 표현 3~4

'문법과 표현3~4'는 '국제 통용 한국어 표준 교육과정'의 문법을 바탕으로 가장 빈도 높은 문법들을 골라 주제에 맞게 선정하여 제시하였다. 학습자들이 기본 문형을 익힐 수 있게 형식을 제시하였고 연습1과 연습2에서는 기본 대화와 확장 연습을 통해 유의미한 활동을 하도록 구성하였다.

○ 듣고 말하기/쓰기

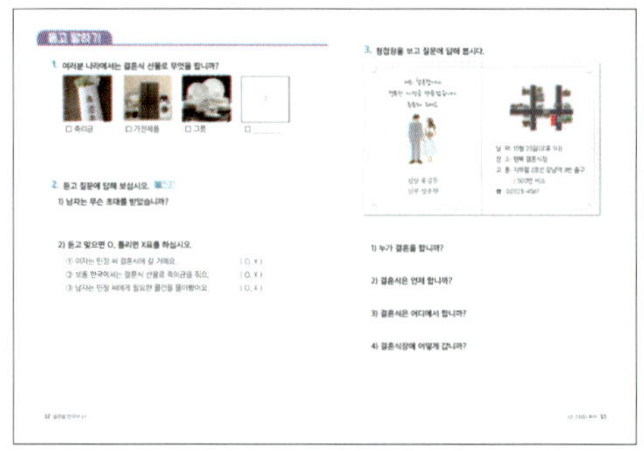

'듣고 말하기/쓰기'에서는 도입 질문으로 듣기 내용을 추측해 볼 수 있게 하였고 내용을 들은 후에 2개의 내용 이해 문제를 풀도록 구성하였다. 그 후 들은 내용과 관계있는 말하기나 쓰기 활동을 넣어서 학습자들이 의사소통 능력을 향상시킬 수 있도록 하였다.

○ 읽고 쓰기/말하기

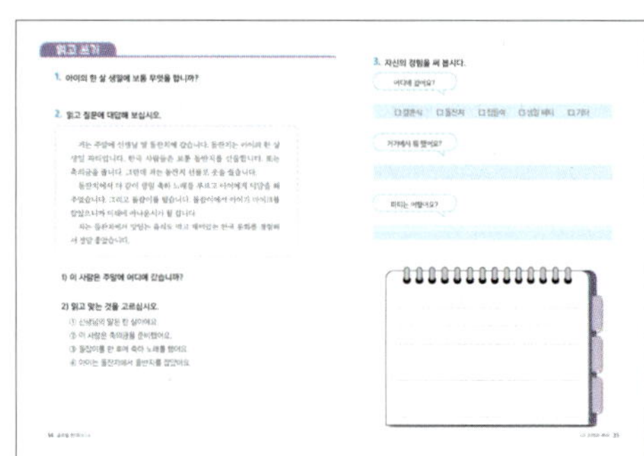

'읽고 쓰기/말하기'에서는 도입 질문을 통해 학습자들이 읽기 내용에 대해 생각해 보도록 하였고, 읽기 활동 후에는 2개의 내용 이해 문제를 넣어서 학습자들이 글을 잘 이해했는지 점검해 보도록 구성하였다. 더 나아가 쓰기나 말하기 활동을 넣어서 학습자들이 쓰기, 말하기로의 연계 활동을 할 수 있도록 하였다.

○ 과제 활동

'과제 활동'에서는 통합 활동으로써 의사소통의 네 가지 영역을 아우르며 학습자들이 각 과의 주제에 맞는 실제적인 활동을 다양하게 하도록 구성하였다.

○ 어휘 목록, 자기 평가 및 문화 읽기

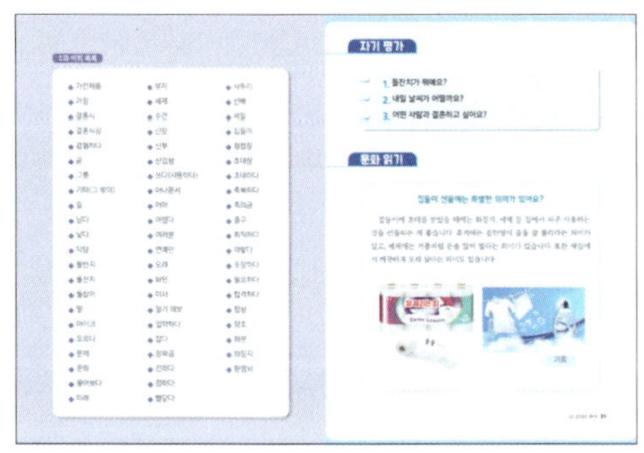

- '어휘 목록'에서는 어휘, 문법과 표현1~2, 듣기, 말하기, 문법과 표현3~4, 듣고 말하기/쓰기, 읽고 쓰기/말하기, 과제 활동의 어휘 목록을 넣어서 각 과의 50~60여 개의 어휘를 한눈에 볼 수 있게 하였다.
- '자기 평가'에서는 학습자가 각 과에서 가장 중요한 어휘와 문법을 알고 있는지 질문을 통해 스스로 확인할 수 있게 하였다.
- '문화 읽기'에서는 각 과의 주제에 맞는 읽기 자료를 제시하여 학습자들이 한국 문화를 쉽게 이해할 수 있도록 구성하였다.

목차

히엔

유토

소피아

타냐

최수아

케빈

등장인물

저스틴

리우청

이민호

알렉스

아만다

1과 초대와 축하

초대해 줘서 고마워요

학습 목표

1. 초대와 축하 표현을 할 수 있다.
2. 부탁이나 요청의 말을 할 수 있다.

어휘

1. 축하 관련 어휘
2. 초대 관련 어휘

문법과 표현

1. -(으)ㄹ 거예요[2]
2. -아/어 주다
3. -(으)ㄹ까요?[2]
4. -(으)ㄴ

* 'ㅎ' 불규칙

어 휘

1. 축하하는 상황입니다. 이야기해 봅시다.

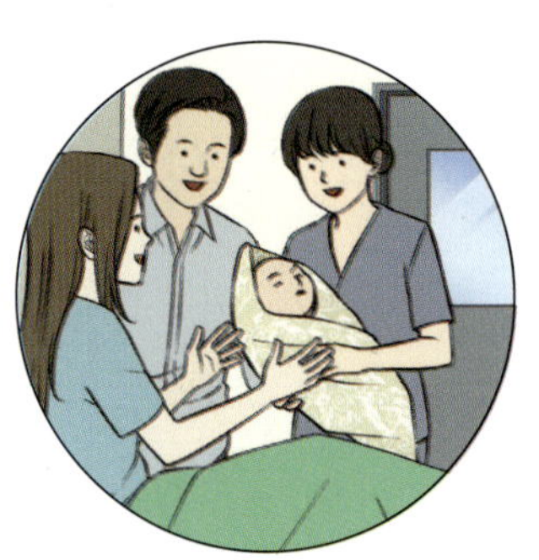

아이를 낳다

시험에 합격하다

대학교에 입학하다

이사를 하다

축하합니다.

장학금을 받다

결혼을 하다

회사에 취직하다

대학교를 졸업하다

시험에 합격했어요.

축하해요.

2. 초대하는 상황입니다. 그림에 맞게 답을 쓰십시오.

입학식	졸업식	환영회	돌잔치	결혼식	집들이

1) ______________________

2) ______________________

3) ______________________

4) ______________________

5) ______________________

6) ______________________

문법과 표현1 [동],[형](으)ㄹ 거예요[2]

A: 민수 씨는 지금 어디에 있어요?

B: 아마 준혁 씨 집에 **있을 거예요**.
준혁 씨가 이사를 해서요.

- 케빈 씨는 한국 음식도 잘 **먹을 거예요**.
- 요즘 시험 기간이어서 모두 **바쁠 거예요**.
- 아마 유리 씨가 사무실 전화번호를 **알 거예요**.
- 내일은 날씨가 **더울 거예요**.
- 아마 지금은 수업 **중일 거예요**.
- 회의는 10분 전에 **끝났을 거예요**.

연습1 다음과 같이 이야기해 봅시다.

1) 선배들의 졸업식을 준비하다
2) 집에서 잠을 자고 있다
3) 도서관에서 시험공부를 하다
4) 기숙사 방에서 음악을 듣다
5) 집에서 음식을 만들다
6) 노래방에서 노래를 부르다

민호 씨는 지금 뭐 해요?

아마 선배들의 졸업식을 **준비할 거예요**.

연습2 **알맞은 말을 쓰고 읽어 봅시다.**

1) 사람들이 영화를 많이 봐요. 아마 재미있을 거예요.

2) 키가 많이 컸어요. 바지가 아마 ______________________.

3) 날씨가 흐려요. 이따가 ______________________.

4) 길이 많이 막혀요. 수업 시간에 ______________________.

연습3 **알맞은 말을 쓰고 이야기해 봅시다.**

1) A: 떡볶이가 많이 매워요?

B: 아마 ______________________.

2) A: 우리 선생님의 고향 알아요?

B: 아마 ______________________. 가끔 부산 사투리를 쓰세요.

3) A: 민수 씨가 공항에 도착했어요?

B: 9시에 출발했으니까 지금쯤 ______________________.

4) A: 학교까지 버스로 얼마나 걸려요?

B: 보통 20분쯤 걸려요. 그런데 지금은 출근 시간이니까 더 많이

______________________.

문법과 표현2 [동]아/어 주다

A: 제 결혼식에 꼭 **와 주세요**.

B: 네, 꼭 가겠습니다.

- 창문 좀 **닫아 주세요**.
- 나한테 태권도 **가르쳐 줄래요?**
- 아기가 울어서 노래를 **해 줬어요**.
- 언니가 숙제를 **도와줄 거예요**.
- 나가기 전에 불을 **꺼 주세요**.

연습1 맞게 연결하고 이야기해 봅시다.

1) 이 청첩장 좀 지수한테 전하다 •	• 알겠어요. 써 줄게요.
2) 한국말로 좀 쓰다 •	• 네, 전해 줄게요.
3) 이 책 좀 찾다 •	• 그래요. 같이 들어요.
4) 이 단어 좀 가르치다 •	• 네, 찾아 드릴게요.
5) 책상이 무거우니까 좀 돕다 •	• 미안해요. 저도 잘 모르겠어요.

이 청첩장 좀 지수한테 **전해 주세요**.

네, 전해 줄게요.

연습2 알맞은 말을 쓰고 이야기해 봅시다.

닫다	바꾸다	말하다	포장하다	안내하다

1) A: 피자가 남았어요. 이걸 좀 ______________________________?

   B: 네, 포장해 드릴게요.

2) A: 제 자리를 모르겠어요. 자리 좀 안내해 주실래요?

   B: 네, ______________________________.

3) A: 민수 씨, 추우니까 창문 좀 ______________________________?

   B: 네, 닫아 줄게요.

4) A: 이걸 한국 돈으로 바꿔 주시겠습니까?

   B: 네, ______________________________.

5) A: 좀 조용히 ______________________________?

   B: 네, 미안합니다.

- 이것 좀 해 주세요. = 이것 좀 해 줄래요? = 이것 좀 해 주시겠습니까?
- 제가 해 드릴게요. = 제가 해 드리겠습니다.

연습3 알맞은 말을 쓰고 이야기해 봅시다.

듣기

1. 언제 축하 파티를 합니까?

2. 듣고 질문에 답해 보십시오. 1-1

1) 왜 축하 파티를 합니까?

2) 듣고 맞으면 O, 틀리면 X표를 하십시오.

① 파티 장소는 지금 알 수 없어요. (O, X)

② 히엔은 주말에 아르바이트를 해요. (O, X)

③ 여자는 이번 주 토요일에 파티에 가요. (O, X)

말하기

1-2

수 아: 소피아 씨, 어서 들어오세요.

소피아: 초대해 줘서 고마워요. 집이 정말 넓고 예뻐요.

수 아: 뭘요. 여기 앉으세요. 주스 한 잔 마실래요?

소피아: 고마워요. 그런데 친구들은 아직 안 왔어요?

수 아: 네, 주말이라서 아마 길이 좀 막힐 거예요. 잠깐 기다리세요.

소피아: 알겠어요. 그리고 이거 **화장지**예요.

수 아: 뭘 이런 걸 다 준비했어요? 고마워요. 잘 쓸게요.

1. 대답해 봅시다.

1) 소피아는 누구의 집에 갔습니까?

2) 소피아는 수아에게 어떤 선물을 줬습니까?

2. 대화 내용을 바꿔서 이야기해 봅시다.

1) 화장지	2) 과일	3) 와인
예쁘다	깨끗하다	좋다
주말이라서 아마	늦게 출발해서	택시를 탔으니까
길이 좀 막히다	아마 조금 늦다	아마 곧 도착하다
잘 쓰다	잘 먹다	잘 마시다

3. 집들이 초대를 받았습니다. 인터뷰를 해 봅시다.

질문	나	친구1 (　　)	친구2 (　　)
1) 무엇을 선물할 거예요?			
2) 왜 그 선물을 주고 싶어요?			

발음 확인

1. 막힐 거예요　　[마킬꺼예요]
2. 넓고　　[널꼬]
3. 쓸게요　　[쓸께요]

문법과 표현3 [동],[형](으)ㄹ까요?²

A: 선생님, 제가 이번 시험에 합격할 수 **있을까요?**

B: 열심히 준비했으니까 합격할 거예요.

- 지수 씨가 이번에 장학금을 **받을까요**?
- 기차가 **빠를까요**? 택시가 **빠를까요**?
- 아만다 씨가 어디에서 **살까요**?
- 떡볶이가 많이 **매울까요**?
- 저 사람이 **학생일까요**?
- 리우청 씨가 발표 준비를 **잘했을까요**?

연습1 다음과 같이 이야기해 봅시다.

1) 유토 씨가 졸업식에 오다
2) 이번 시험이 어렵다
3) 저 가게에서 시계를 팔다
4) 선생님이 지금 바쁘시다
5) 아만다 씨가 김치를 잘 먹다
6) 지금 도서관에 사람이 많다

유토 씨가 졸업식에 **올까요?**

네, 졸업식에 올 거예요.

연습2 **알맞은 말을 쓰고 이야기해 봅시다.**

1) A: 제가 이 책을 읽을 수 있을까요?

B: 그럼요, 별로 어렵지 않으니까 읽을 수 있을 거예요.

2) A: 이번 주 일요일에 박물관 문을 ______________________?

B: 네, 열어요. 박물관은 월요일에 쉬어요.

3) A: 제주도에 가고 싶어요. 비행기 표가 ______________________?

B: 아니요, 지금 세일을 하니까 별로 비싸지 않을 거예요.

4) A: 저 영화배우는 ______________________?

B: 서른 두 살이에요.

5) A: 어제 민수 씨가 입학식에 ______________________?

B: 아마 갔을 거예요.

6) A: 내일 날씨가 ______________________?

B: 글쎄요, 저도 일기 예보를 안 봐서 잘 모르겠어요.

문법과 표현4 [형](으)ㄴ

A: 돌잔치 선물로 뭘 준비했어요?

B: **예쁜** 옷을 한 벌 샀어요.

- 수아 씨는 **좋은** 친구예요.
- 우리 선생님은 **멋있는** 분이세요.
- 지난 주말에 **긴** 코트를 하나 샀어요.
- 이 옷에 **하얀** 운동화가 잘 어울릴까요?
- 제주도에서 **아름다운** 바다 사진을 많이 찍고 싶어요.

연습1 다음과 같이 쓰고 읽어 봅시다.

환영회가 즐겁습니다.	→	즐거운 환영회

1) 주스가 시원합니다. →

2) 모자가 같습니다. →

3) 고향이 멉니다. →

4) 드라마가 재미있습니다. →

5) 하늘이 파랗습니다. →

'ㅎ' 불규칙

- **빨갛다: 빨갛 + 아요 = 빨개요**
  빨갛 + 은 = 빨간
- **어떻다: 어떻 + 어요 = 어때요?**
  어떻 + 은 = 어떤

연습2 다음과 같이 알맞은 말을 쓰고 말해 봅시다.

1)

₩12,000

₩700,000

어제 싼 / 비싼 시계를 샀어요.

2)

내일 ________ 치마를 입을 거예요.

3)

저녁에 __________ 음식을 먹었어요.

4)

이건 _______________ 문제예요.

연습3 질문에 답해 봅시다.

어떤 가방을 살 거예요?

귀여운 가방을 살 거예요.

1) 어떤 집에서 살고 싶어요?

2) 어떤 영화를 좋아해요?

3) 어떤 사람을 만나고 싶어요?

4) 어떤 색 신발을 신었어요?

듣고 말하기

1. 여러분 나라에서는 결혼식 선물로 무엇을 합니까?

□ 축의금

□ 가전제품

□ 그릇

□ ________

2. 듣고 질문에 답해 보십시오. 1-3

1) 남자는 무슨 초대를 받았습니까?

2) 듣고 맞으면 O, 틀리면 X표를 하십시오.

① 여자는 민정 씨 결혼식에 갈 거예요. (O, X)

② 보통 한국에서는 결혼식 선물로 축의금을 줘요. (O, X)

③ 남자는 민정 씨에게 필요한 물건을 물어봤어요. (O, X)

3. 청첩장을 보고 질문에 답해 봅시다.

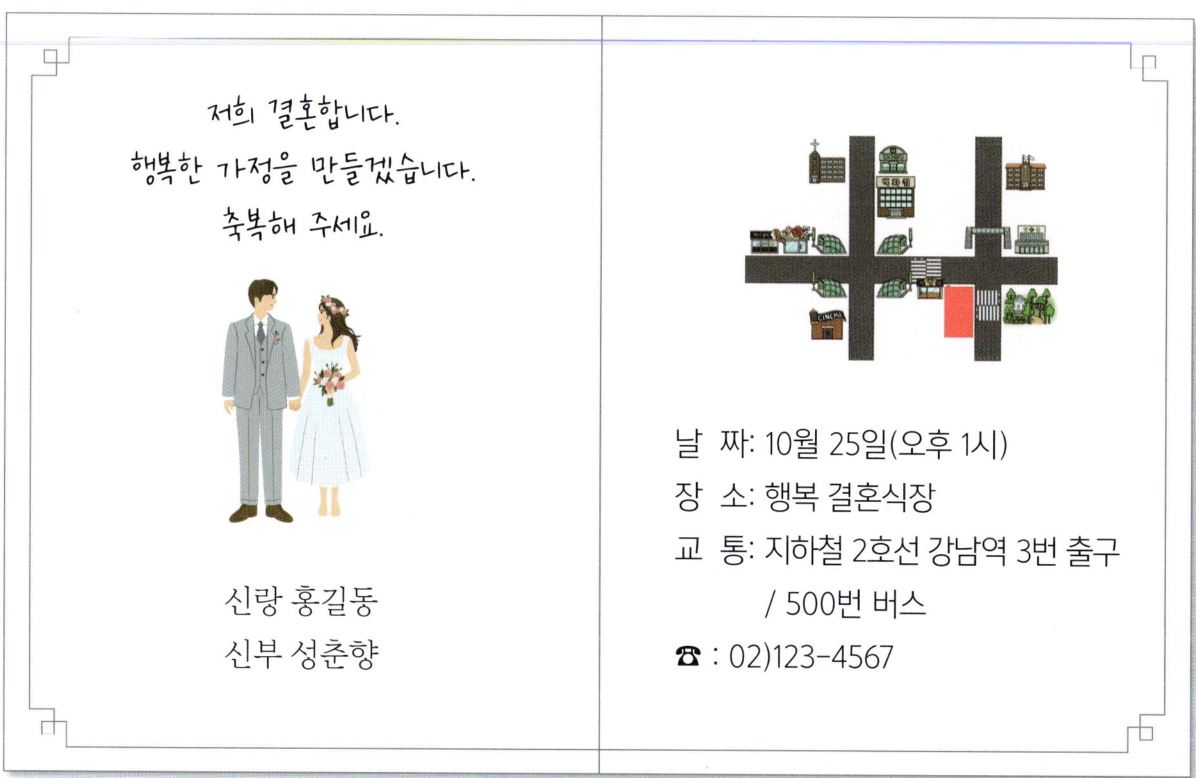

1) 누가 결혼을 합니까?

2) 결혼식은 언제 합니까?

3) 결혼식은 어디에서 합니까?

4) 결혼식장에 어떻게 갑니까?

읽고 쓰기

1. 아이의 한 살 생일에 보통 무엇을 합니까?

2. 읽고 질문에 대답해 보십시오.

저는 주말에 선생님 딸 돌잔치에 갔습니다. 돌잔치는 아이의 한 살 생일 파티입니다. 한국 사람들은 보통 돌반지를 선물합니다. 또는 축의금을 줍니다. 그런데 저는 돌잔치 선물로 옷을 줬습니다.

돌잔치에서 다 같이 생일 축하 노래를 부르고 아이에게 덕담을 해 주었습니다. 그리고 돌잡이를 했습니다. 돌잡이에서 아이가 마이크를 잡았으니까 미래에 아나운서가 될 겁니다.

저는 돌잔치에서 맛있는 음식도 먹고 재미있는 한국 문화를 경험해서 정말 좋았습니다.

1) 이 사람은 주말에 어디에 갔습니까?

2) 읽고 맞는 것을 고르십시오.

① 선생님의 딸은 한 살이에요.
② 이 사람은 축의금을 준비했어요.
③ 돌잡이를 한 후에 축하 노래를 했어요.
④ 아이는 돌잔치에서 돌반지를 잡았어요.

3. 자신의 경험을 써 봅시다.

어디에 갔어요?

☐ 결혼식 ☐ 돌잔치 ☐ 집들이 ☐ 생일 파티 ☐ 기타

거기에서 뭐 했어요?

파티는 어땠어요?

과제 활동

1. 초대장을 만들어 봅시다.

2. 돌잡이 그림을 보고 말해 봅시다.

1) 공부를 잘할 거예요.

2) 연예인이 될 거예요.

3) 운동을 잘할 거예요.

4) 부자가 될 거예요.

5) 건강하고 오래 살 거예요.

6) 컴퓨터를 잘할 거예요.

아이가 연필을 잡았어요.
아마 공부를 잘할 거예요.

1과 어휘 목록

◆ 가전제품
◆ 가정
◆ 결혼식
◆ 결혼식장
◆ 경험하다
◆ 곧
◆ 그릇
◆ 기타(그 밖의)
◆ 길
◆ 남다
◆ 낳다
◆ 덕담
◆ 돌반지
◆ 돌잔치
◆ 돌잡이
◆ 딸
◆ 마이크
◆ 모르다
◆ 문제
◆ 문화
◆ 물어보다
◆ 미래
◆ 부자
◆ 세제
◆ 수건
◆ 신랑
◆ 신부
◆ 신입생
◆ 쓰다(사용하다)
◆ 아나운서
◆ 아마
◆ 어렵다
◆ 여러분
◆ 연예인
◆ 오래
◆ 와인
◆ 이사
◆ 일기 예보
◆ 입학하다
◆ 잡다
◆ 장학금
◆ 전하다
◆ 정하다
◆ 빨갛다
◆ 사투리
◆ 선배
◆ 세일
◆ 집들이
◆ 청첩장
◆ 초대장
◆ 초대하다
◆ 축복하다
◆ 축의금
◆ 출구
◆ 취직하다
◆ 파랗다
◆ 포장하다
◆ 필요하다
◆ 합격하다
◆ 항상
◆ 향초
◆ 화분
◆ 화장지
◆ 환영회

자기 평가

1. 돌잔치가 뭐예요?
2. 내일 날씨가 어떨까요?
3. 어떤 사람과 결혼하고 싶어요?

문화 읽기

집들이 선물에는 특별한 의미가 있어요?

집들이에 초대를 받았을 때에는 화장지, 세제 등 집에서 자주 사용하는 것을 선물하는 게 좋습니다. 휴지에는 집안일이 술술 잘 풀리라는 의미가 있고, 세제에는 거품처럼 돈을 많이 벌라는 의미가 있습니다. 또한 새집에서 깨끗하게 오래 살라는 의미도 있습니다.

거품

2과 취미 생활

취미가 요리여서 요즘 한국 요리를 배우고 있어요

학습 목표

1. 취미를 묻고 답할 수 있다.
2. 경험을 말할 수 있다.

어휘

1. 취미 어휘1
2. 취미 어휘2

문법과 표현

1. -(으)ㄹ 줄 알다/모르다
2. -아/어 보다
3. -는데[1]
4. 반말

* '르' 불규칙

어 휘

1. 취미 어휘입니다. 이야기해 봅시다.

운동

독서

낚시

영화 감상

게임

여행

요가

음악 감상

등산

요리

외국어 공부

악기 연주

취미가 뭐예요?

운동이에요.

2. 취미 어휘입니다. 이야기해 봅시다.

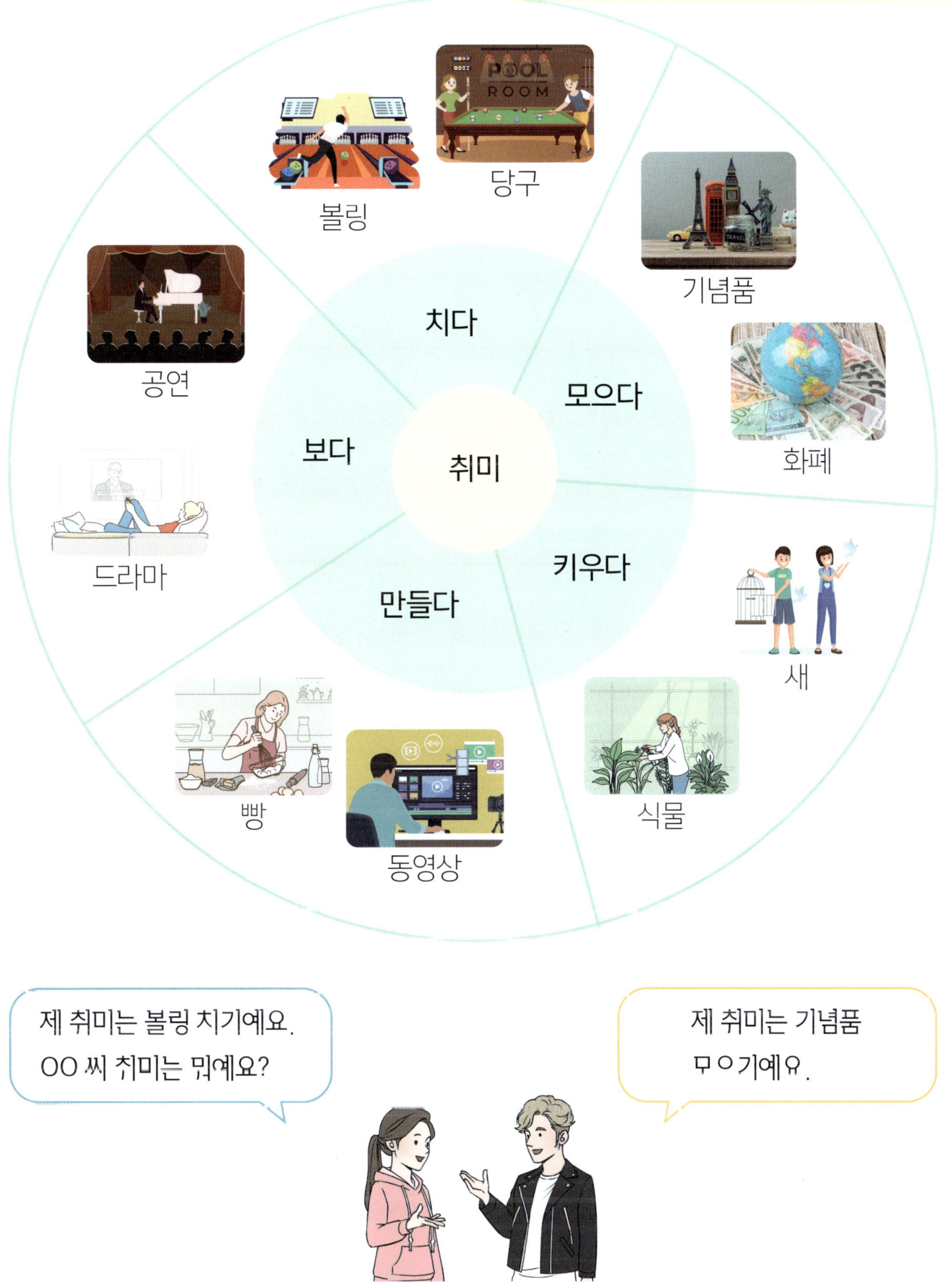

제 취미는 볼링 치기예요.
OO 씨 취미는 뭐예요?

제 취미는 기념품
모으기예요.

문법과 표현1 [동](으)ㄹ 줄 알다/모르다

A: 당구 **칠 줄 알아요?**

B: 네, **칠 줄 알아요**. 지난달에 배웠어요.

- 은행에서 돈을 **찾을 줄 알아요**?
- 혼자 서울에 **갈 줄 알아요**.
- 동영상을 **만들 줄 몰라요**.
- 저는 중국어를 **할 줄 모릅니다**.

연습1 다음과 같이 이야기해 봅시다.

1) 

요가를 하다

2) 

한글을 읽다

3) 

혼자 한복을 입다

4) 

피아노를 치다

5) 

자전거를 타다

6) 

빵을 만들다

요가를 **할 줄 알아요**?

네, 요가를 **할 줄 알아요**.

아니요, 요가를 **할 줄 몰라요**.

연습2 **다음과 같이 알맞은 말을 쓰고 이야기해 봅시다.**

A: 한국에서 인터넷으로 물건을 주문할 줄 알아요?

B: 네, <u>주문할 줄 알아요</u>. 필요한 물건은 보통 인터넷으로 주문해요.

1) A: 젓가락을 사용할 줄 알아요?
   B: 아니요, ______________________________.

2) A: 한국어로 자기소개를 할 줄 알아요?
   B: 네, 연습을 많이 해서 이제 ______________________.

3) A: 한국 음식을 만들 줄 알아요?
   B: 네, 잡채를 ______________. 요리 수업 시간에 배웠어요.

4) A: 베트남어를 읽을 줄 아세요?
   B: 아니요, ______________________________.

연습3 **다음 표를 보고 질문에 답해 봅시다.**

	 (춤)	 (수영)	 (스키)	 (기타)	 (운전)
수미	O	X	O	O	O
윌슨	O	O	O	X	O
유카	O	O	X	O	X

1) 누가 춤을 출 줄 알아요? →

2) 누가 수영을 할 줄 알아요? →

3) 누가 스키를 탈 줄 알아요? →

4) 누가 운전을 할 줄 몰라요? →

5) 윌슨 씨는 무엇을 할 줄 몰라요? →

문법과 표현2 [동]아/어 보다

A: 요가를 **해 봤어요**?

B: 네, 작년에 친구랑 같이 **해 봤어요**.

- 저는 3년 전에 한국에 **와 봤어요**.
- 한국 신문을 한번 **읽어 보세요**.
- 판소리를 같이 **들어 봅시다**.
- 김치를 담가 **보고 싶어요**.

연습1 다음과 같이 이야기해 봅시다.

1) 

새를 키우다

2) 

번지 점프를 하다

3) 

이 노래를 듣다

4) 

민속촌에 가다

5) 

삼겹살을 굽다

6) 

한국어로 편지를 쓰다

새를 **키워 봤어요**?

네, 새를 **키워 봤어요**.

아니요, 새를 안 **키워 봤어요**.

연습2 다음과 같이 이야기해 봅시다.

인삼차를 마시다	A: 인삼차를 마셔 봤어요? B: 아니요, 안 마셔 봤어요.
건강에 좋다	A: 건강에 좋으니까 한번 마셔 보세요. B: 네, 꼭 마셔 볼게요.

1) 제주도에 가다 / 경치가 아름답다

2) 김밥을 만들다 / 어렵지 않다

3) 이 앱을 사용하다 / 정말 편리하다

4) 태권도를 배우다 / 쉽고 재미있다

5) 닭갈비를 먹다 / 맵지 않고 맛있다

6) 독립기념관에 가다 / 한국 역사를 배울 수 있다

연습3 다음과 같이 알맞은 말을 쓰고 이야기해 봅시다.

> A: 동영상을 만들어 봤어요?
>
> B: 아니요, 동영상을 안 만들어 봤어요. 나중에 배우고 싶어요.

1) A: 다니엘 씨, 삼계탕을 ______________________________?

   B: 아니요, 아직 먹어 보지 않았어요. 먹어 보고 싶어요.

2) A: 외국에서 ______________________________?

   B: 네, 작년에 일본 도쿄에서 6개월 살았어요.

3) A: 한국 사람이랑 채팅을 해 봤어요?

   B: 아니요, 아직 한 번도 안 ______________________________.

4) A: 이 구두 정말 예뻐요. 한번 ______________________________.

   B: 아까 신어 봤어요. 그런데 좀 작아요.

5) A: 찜질방에 한번 가 보고 싶어요.

   B: 그럼 이번 주말에 같이 ______________________________.

6) A: 한국 노래를 ______________________________?

   B: 네, 케이팝(K-pop)을 좋아해서 요즘 한국 노래를 자주 불러요.

'르' 불규칙

- **모르다: 모르 + 아요 => 몰라요**
- **부르다: 부르 + 어요 => 불러요**

듣기

1. 볼링을 칠 줄 압니까?

2. 듣고 질문에 답해 보십시오. 2-1

1) 볼링 모임은 언제 합니까?

2) 듣고 맞으면 O, 틀리면 X표를 하십시오.

① 남자는 볼링을 칠 줄 몰라요. (O, X)

② 여자는 선배들과 볼링을 쳐 봤어요. (O, X)

③ 볼링 모임은 '우주 볼링장'에서 해요. (O, X)

말하기

2-2

아만다: 유토 씨, 이 김밥 좀 드세요. 제가 만들었어요.

유　토: 와, 아만다 씨, 한국 음식을 만들 줄 알아요?

아만다: 네, 취미가 요리여서 요즘 한국 요리를 배우고 있어요.
유토 씨는 취미가 뭐예요?

유　토: 제 취미는 **낚시**예요.

아만다: 그래요? 저는 낚시를 할 줄 몰라요. 한 번도 안 해 봤어요.

유　토: 그럼 이번 주말에 제가 가르쳐 줄까요?

아만다: 정말요? 좋아요. 가르쳐 주세요.

1. 대답해 봅시다.

1) 아만다의 취미는 무엇입니까?

2) 유토는 낚시를 할 줄 압니까?

2. 대화 내용을 바꿔서 이야기해 봅시다.

1) 낚시	2) 기타 연주	3) 스케이트보드 타기
취미가 요리	꿈이 요리사	음식 만들기를 좋아하다
낚시를 하다	기타를 치다	스케이트보드를 타다
하다	치다	타다

3. 친구와 이야기해 봅시다.

질문	나	친구 (　　　)
1) 어떤 음식을 만들 줄 알아요?		
2) 어떤 악기를 연주할 줄 알아요?		
3) 어떤 운동을 할 줄 알아요?		

발음 확인

1. 한국 음식을 [한구금시글]
2. 만들 줄 알아요 [만들쭐 아라요]
3. 한국 요리 [한궁요리]

문법과 표현3 [동]는데[1] [형](으)ㄴ데[1]

A: 요즘 동영상 만들기를 **배우는데** 너무 어려워요.

B: 그럼 제가 좀 가르쳐 줄까요?

- 학생이 **많은데** 대부분 베트남 사람이에요.
- 지금은 좀 **바쁜데** 나중에 통화할까요?
- 다음 주에 시험이 **있는데** 너무 걱정돼요.
- 많이 걸어서 **힘든데** 저기에서 잠깐 쉽시다.
- 제주도에서 기념품을 **샀는데** 아주 마음에 들어요.
- 제 취미가 악기 **연주인데** 요즘 장구를 배우고 있어요.

연습1 맞게 연결하고 말해 봅시다.

1) 저 공연이 재미있다 •	• 좀 도와주세요.
2) 가방이 무겁다 •	• 같이 보러 갑시다.
3) 비가 많이 오다 •	• 공기가 아주 좋아요.
4) 바지가 좀 작다 •	• 택시를 타고 갈까요?
5) 산 근처에서 살다 •	• 바꿔 주시겠습니까?
6) 삼계탕을 좋아하다 •	• 비싸서 자주 먹을 수 없어요.

저 공연이 **재미있는데** 같이 보러 갑시다.

연습2 알맞은 말을 쓰고 이야기해 봅시다.

좋다	멀다	만들다
한라산	타고 오다	키워 보다

1) A: 집에서 식물을 키우고 싶은데 어려울까요?

B: 아니요, 제가 ________________ 별로 어렵지 않았어요.

2) A: 한국에서 제일 높은 산이 어디예요?

B: 제일 높은 산은 ________________ 제주도에 있어요.

3) A: 날씨가 ________________ 우리 공원에서 산책할까요?

B: 좋아요. 산책하러 가요.

4) A: 불고기는 어떤 음식이에요?

B: 소고기와 채소로 ________________ 맵지 않고 달아서 맛있어요.

5) A: 오늘 왜 늦었어요?

B: 버스를 ________________ 교통사고가 나서 길이 좀 막혔어요.

6) A: 영화관까지 너무 ________________ 택시를 탈까요?

B: 네, 좋아요.

문법과 표현4 반말

A: 수민아, 취미가 뭐야?

B: 나는 컴퓨터 게임을 **좋아해**.

- 오늘 날씨가 정말 **좋아**.
- 지난주 시험이 너무 **어려웠어**.
- 방학에 외국어 공부를 **할 거야**.
- 유키야, 늦었으니까 우리 빨리 **가자**.
- 아직 시간이 있으니까 천천히 **먹어**.
- 이건 연필이 **아니야. 볼펜이야**.
- 미애야, 교실에 쓰레기 **버리지 마**.

• 민수 씨, 안녕하세요? → 민수야, 안녕? • 은정 씨, 안녕히 가세요. → 은정아, 잘 가.	• 네 → 응 • 아니요 → 아니

연습1 다음과 같이 이야기해 봅시다.

1) 얼마 - 5천 원
2) 친구 - 동생
3) 누구 - 형
4) 토요일 - 토요일
5) 몇 살 - 24살
6) 일본 사람 - 일본 사람

얼마**야**?

오천 **원이야**.

연습2 다음과 같이 이야기해 봅시다.

지금 뭐 해?

드라마 **봐**.

어제 뭐 했어?

드라마 **봤어**.

내일 뭐 할 거야?

드라마 **볼 거야**.

연습3 **다음과 같이 반말로 바꿔서 이야기해 봅시다.**

A: 어디에서 왔어요?
B: 저는 베트남에서 왔어요.

→

A: 어디에서 왔어?
B: 나는 베트남에서 왔어.

1)
A: 이번 여행 어땠어요?
B: 아주 즐거웠어요.

2)
A: 내일 날씨가 어떨까요?
B: 내일은 시원할 거예요.

3)
A: 우리 몇 시에 만날까요?
B: 오후 2시에 만나요.

4)
A: 가방입니까?
B: 아니요. 가방이 아닙니다. 지갑입니다.

5)
A: 우혁 씨, 뜨거우니까 만지지 마세요.
B: 네, 알겠습니다.

6)
A: 예나 씨, 영화 자주 봐요?
B: 네, 제 취미가 영화 감상이에요.

7)
A: 진수 씨, 우리 택시 타고 갈까요?
B: 아니요, 택시 타지 맙시다. 가까우니까 걸어갑시다.

8)
A: 내일 몇 시에 오시겠습니까?
B: 2시에 가겠습니다.

연습4 **맞게 연결하고 이야기해 봅시다.**

1) 우리 축구 할까? •	• 응, 늦지 않을게.
2) 엄마, 뭐 드실래요? •	• 인삼차 마실래.
3) 도서관에 사람 많아? •	• 아니, 영화 보고 있어.
4) 지수야, 내일 늦지 마. •	• 그래, 좋아. 축구 하자.
5) 우혁아, 지금 공부해? •	• 응, 알겠어. 금방 갈게.
6) 민수야, 시간 없어. 빨리 와. •	• 아니, 별로 없어서 조용해.

우리 축구 할까?

그래, 좋아. 축구 하자.

듣고 말하기

1. 한국에서 어디에 가 봤습니까?

2. 듣고 질문에 답해 보십시오. 2-3

1) 두 사람은 다음 주에 어디에 갈 겁니까?

2) 듣고 맞는 것을 고르십시오.

① 남자는 스키를 자주 탔어요.
② 여자는 강원도에 가 봤어요.
③ 여자의 취미는 스키 타기예요.
④ 남자는 여름에 강원도에 갈 거예요.

3. 친구와 이야기를 하고 발표해 봅시다.

질문	나	친구 (　　　)
1) 어디에 가 봤어?		
2) 언제 가 봤어?		
3) 거기서 뭐 했어?		
4) 어땠어?		

나는 작년에 제주도에 가 봤어. 바다에서 수영을 했는데 정말 좋았어. 그리고 귤도 먹었는데 진짜 달고 맛있었어.

읽고 쓰기

1. 취미가 무엇입니까?

2. 읽고 질문에 대답해 보십시오.

<다니엘의 취미>

제 취미는 자전거 타기인데 자전거 타기는 건강에 좋고 재미있습니다. 저는 한국에 오기 전에는 자전거를 탈 줄 몰랐습니다. 그래서 반 친구가 가르쳐 줬는데 처음에는 정말 무섭고 겁이 났습니다. 하지만 이제는 잘 탈 수 있습니다.

<미나의 취미>

제 취미는 화폐 모으기입니다. 우리 반에는 여러 나라의 친구들이 있습니다. 그래서 그 친구들과 서로 자기 나라의 돈을 교환했습니다. 지금까지 50종류의 돈을 모았습니다. 지난 주말에는 서울 화폐박물관에 가 봤습니다. 화폐박물관에는 여러 나라의 화폐들이 있는데, 우리나라의 100년 전 화폐도 볼 수 있어서 좋았습니다.

1) 두 사람의 취미는 무엇입니까?

다니엘의 취미	미나의 취미

2) 읽고 맞으면 O, 틀리면 X표를 하십시오.

① 미나는 지난 주말에 서울에 갔어요. (O, X)

② 다니엘은 지금 자전거를 탈 줄 알아요. (O, X)

③ 미나는 100년 전 화폐를 가지고 있어요. (O, X)

④ 다니엘은 친구에게 자전거를 가르쳐 줬어요. (O, X)

3. 취미가 무엇입니까? 써 봅시다.

과제 활동

1. 무엇을 할 줄 압니까? 면접 질문을 만들고 이야기해 봅시다.

한국말을 할 줄 아세요?

네, 조금 할 줄 알아요.

피자도 만들 줄 알아요?

아니요, 피자는 만들 줄 몰라요.

언제부터 출근할 수 있어요?

다음 주부터 할 수 있어요.

☑ 피자 가게	• 한국말을 할 줄 알다 • 피자를 만들 줄 알다 •
□ 한국 식당	• • •
□ 커피숍	• • •

2. 인터뷰를 해 봅시다.

질문	나	친구1 ( )	친구2 ( )
1) 찜질방에 가 봤어요?			
2) 한복을 입어 봤어요?			
3) 김치를 담가 봤어요?			
4) 식물을 키워 봤어요?			
5) 동영상을 만들어 봤어요?			
6) 한국 뉴스를 들어 봤어요?			
7) 전화로 음식을 주문해 봤어요?			
8) 노래방에서 노래를 불러 봤어요?			

2과 어휘 목록

- 가지다
- 감상
- 강원도
- 개월
- 걱정되다
- 겁이 나다
- 공기
- 공연
- 교통사고가 나다
- 교환하다
- 굽다
- 귤
- 금방
- 기념품
- 꿈
- 높다
- (김치)담그다
- 당구
- 대부분
- 독립기념관
- 독서
- 동영상
- 드라마
- 들어오다
- 뜨겁다
- 모으다
- 무섭다
- 민속촌
- 번지점프
- 볼링
- 빵
- 삼계탕
- 새롭다
- 소고기
- 소설책
- 식물
- 악기
- 앱
- 역사
- 연주
- 외국
- 외국어
- 요가
- 우리나라
- 유명하다
- 이제
- 인삼차
- 자기
- 잡채
- 장구
- 젓가락
- 제일
- 종류
- 진짜
- 채소
- 채팅
- 취미
- 케이팝(K-POP)
- 판소리
- 한라산
- 화폐

자기 평가

1. 취미가 뭐예요?
2. 어떤 한국 음식을 먹어 봤어요?
3. 혼자 한복을 입을 줄 알아요?

문화 읽기

한국 사람들이 좋아하는 취미 활동은 무엇일까요?

한국 사람들이 가장 좋아하는 취미 활동은 등산입니다. 한국은 국토의 약 70%가 산이라서 어디서든지 산을 볼 수 있습니다. 사계절의 아름다움을 느끼고 스트레스를 해소하거나 운동을 하기 위해 등산을 하는 사람들이 많습니다. 산은 한국인들에게 일상의 쉼터입니다.

3과 예약과 주문

제가 전화로 주문할게요

학습 목표

1. 예약을 문의할 수 있다.
2. 전화로 음식을 주문할 수 있다.

어휘

1. 예약 및 주문 관련 어휘
2. 미용실 관련 어휘

문법과 표현

1. -이나/나
2. -는데요
3. -게
4. -네요

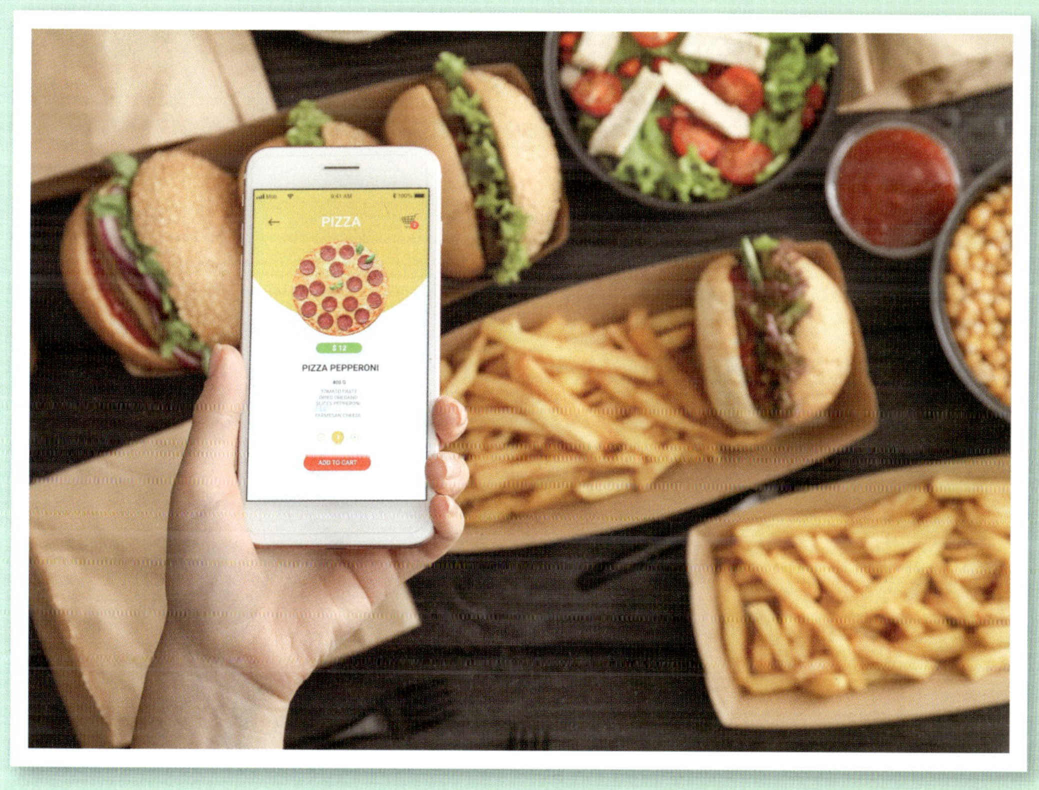
PIZZA
PIZZA PEPPERONI

어 휘

1. 예약 관련 어휘입니다. 질문에 답해 봅시다.

예약	일시	인원	성인	어린이	연락처	성함	취소

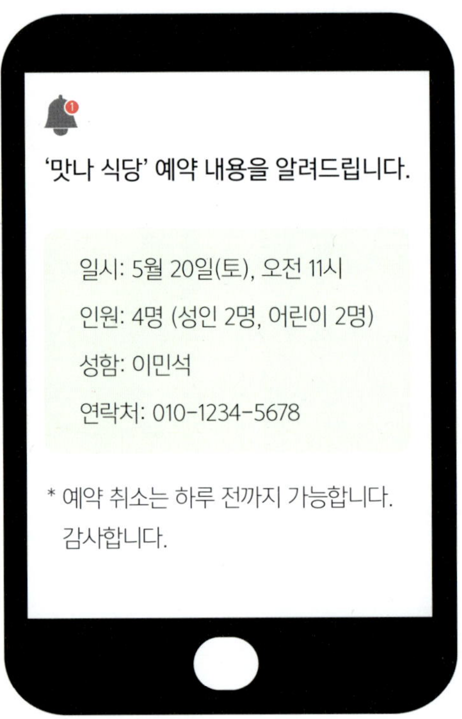

1) '맛나 식당'에 언제 갈 거예요?

2) 몇 명 예약했어요?

3) 누구 이름으로 예약했어요?

4) 손님의 연락처가 어떻게 돼요?

5) 예약을 언제까지 취소할 수 있어요?

2. 미용실 관련 어휘입니다. 다음과 같이 이야기해 봅시다.

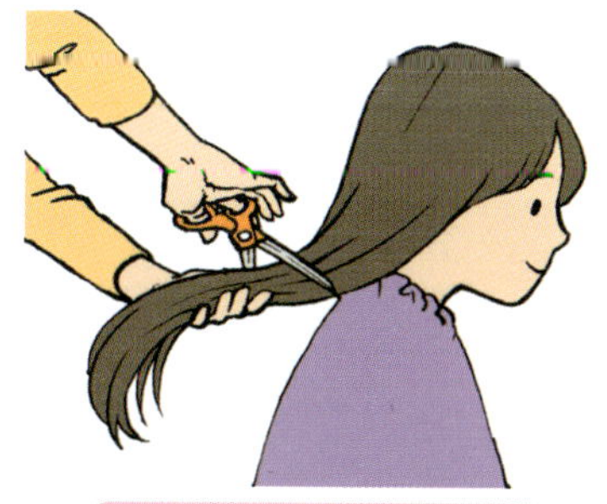
1) 머리를 자르다

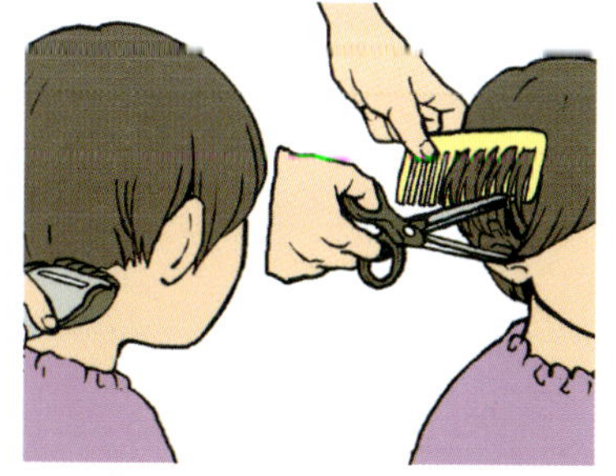
2) 머리를 다듬다

3) 머리를 감다

4) 파마하다

5) 염색하다

6) 드라이하다

미용실에서 무엇을 해요?

머리를 잘라요.

문법과 표현1 [명]이나/나

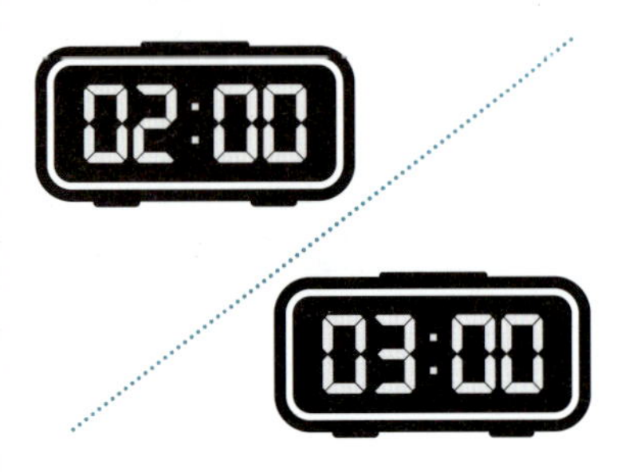

A: 예약을 오후로 바꾸고 싶어서 전화했어요.

B: 네, 그럼 오후 **2시나** 3시는 어떠세요?

- **갈색이나** 노란색으로 염색하고 싶어요.
- 보통 점심에 **빵이나** 김밥을 자주 먹어요.
- 겨울이니까 **목도리나** 장갑을 선물하세요.

연습1 알맞은 말을 쓰고 읽어 봅시다.

1) 지하철이나 기차를 타고 갑시다.

2) ____________로/으로 연락할 거예요.

3) ____________을/를 사고 싶어요.

4) 토요일 / 일요일 — 이번 주 ____________에 서울에 갈래?

5) ____________을/를 읽어요.

연습2 다음과 같이 이야기해 봅시다.

A: 오후에 뭐 할 거예요?

B: 농구나 축구를 할 거예요.

1) A: 뭐 마실래요?
   B: ______________________.

2) A: 보통 아침에는 뭐 먹어요?
   B: ______________________.

3) A: 서울에 어떻게 가요?
   B: ______________________.

4) A: 어떤 영화를 볼 거예요?
   B: ______________________.

5) A: 부모님하고 어떻게 연락해요?
   B: ______________________.

6) A: 어느 나라를 여행하고 싶어요?
   B: ______________________.

연습3 다음과 같이 이야기해 봅시다.

A: 친구들이 집에 놀러 와요. 어떤 음식을 주문할까요?

B: 피자나 치킨이 어때요?

1) 친구가 이사를 해요. 무슨 선물이 좋을까요?

2) 동생이 고등학교를 졸업해요. 어떤 선물을 할까요?

3) 남자(여자) 친구의 생일이에요. 어디에 갈까요?

문법과 표현2 [동]는데요 [형](으)ㄴ데요

A: 예약하셨습니까?

B: 네, 소피아 이름으로 예약을 **했는데요**.

A: 여기서 잠깐만 기다려 주세요.

- 지금 점심을 **먹는데요**.
- 식당에 사람이 **많은데요**.
- 외국인등록증이 **필요한데요**.
- 지갑에 현금이 **없는데요**.
- 학교까지 너무 **먼데요**.
- 오늘 날씨가 좀 **추운데요**.
- 여보세요? 여기 **글로벌대학교인데요**.

연습1 **다음과 같이 이야기해 봅시다.**

A: 은정 씨, 지금 뭐 해요?
B: 미용실에서 **머리하고 있는데요**.
A: 아, 그래요?

1) 

미용실에서 머리하고 있다

2) 

집에서 쉬고 있다

3) 

PC방에서 인터넷을 하다

4) 

친구 집에서 놀다

연습2 알맞은 말을 쓰고 이야기해 봅시다.

1)

A: 어디에 가요?

B: 기숙사에 가는데요.

A: 그럼 저도 같이 가요.

2)

A: 민호 씨, 지금 시간 있어요?

B: 미안해요. 지금 좀 ____________________.

A: 알겠어요. 다음에 이야기해요.

3)

A: 음식이 너무 맵지 않아요?

B: 아니요, ______________________________.

A: 그럼 이것도 드세요.

4)

A: 신발이 크지?

B: 응, 나에게 좀 _________________________.

A: 그럼 이건 어때?

5)

A: 여보세요? 거기 미용실이죠?

B: 아니요, 여긴 __________________________

A: 죄송합니다.

6)

A: 민호야, 방 청소했어?

B: 아니요, 아직 안 ________________________.

A: 언제 할 거야? 빨리 청소해.

연습3 맞게 연결하고 이야기해 봅시다.

1) 오늘도 아르바이트 해요? •	• 아니요, 지금 안 계시는데요.
2) 민호 씨는 어디에서 살아요? •	• 아니요, 도서관에서 공부할 건데요. 같이 갈래요?
3) 누구 찾으세요? •	• 아산에서 사는데요. 왜요?
4) 사장님 지금 자리에 계세요? •	• 김 선생님을 만나러 왔는데요.
5) 무엇을 도와드릴까요? •	• 예약을 취소하고 싶은데요.

오늘도 아르바이트 해요?

아니요, 도서관에서 공부할 건데요. 같이 갈래요?

듣기

1. 호텔 예약을 하고 싶습니다. 어떻게 합니까?

2. 듣고 질문에 답해 보십시오. 3-1

1) 남자는 무엇을 하고 있습니까?

① 호텔 위치를 알아보고 있어요.

② 호텔 예약을 취소하고 있어요.

③ 호텔 연락처를 물어보고 있어요.

④ 호텔 예약 날짜를 바꾸고 있어요.

2) 듣고 맞으면 O, 틀리면 X표를 하십시오.

① 남자는 여자에게 이름을 말해 주었어요. (O, X)

② 이번 주 토요일에 예약을 할 수 있어요. (O, X)

③ 다음 주 주말은 예약이 끝나서 방이 없어요. (O, X)

말하기

3-2

타 냐: 수아 씨, 벌써 7시인데 우리 저녁 먹어요.

수 아: 네, 좋아요. 근데 밖에 나가기 귀찮은데요.

타 냐: 그럼, 그냥 여기서 먹어요. 뭐 먹고 싶어요?

수 아: 피자나 치킨이 먹고 싶은데 어때요?

타 냐: 음…. 전 점심에 피자를 먹었어요. 치킨 먹어요.
제가 전화로 주문할게요.

수 아: 아니에요. '코팡 앱' 배달이 빨라요. 거기에서 주문해요.

타 냐: 그래요? 알겠어요.

1. 대답해 봅시다.

1) 누가 점심에 피자를 먹었습니까?

2) 두 사람은 치킨을 어떻게 주문할 겁니까?

2. 대화 내용을 바꿔서 이야기해 봅시다.

1)	2)	3)
밖에 나가기 귀찮다	밖에 비가 많이 오다	아직 일이 좀 남았다
전화로	'여기유' 앱으로	직접
주문하다	시키다	다녀오다
'코팡 앱' 배달이	'코팡 앱'이	'코팡 앱'에서
빠르다	쿠폰을 많이 주다	할인을 많이 하다

3. 인터뷰를 해 봅시다.

주문 메뉴	□ 피자	□ 치킨	□ 보쌈	□ 짜장면	□ 기타
주문 방법	□ 앱	□ 전화	□ 방문 포장		
계산 방법	□ 현금	□ 카드	□ 쿠폰		

질문	친구1 (　　　)	친구2 (　　　)
1) 어떤 음식을 주문하고 싶어요?		
2) 어떻게 주문하고 싶어요?		
3) 계산은 어떻게 할 거예요?		

발음 확인

1. 밖에 　　[바께]
2. 귀찮은데요 　　[귀차는데요]
3. 알겠어요 　　[알게써요]

문법과 표현3 [형]게

A: 머리를 어떻게 해 드릴까요?

B: **짧게** 잘라 주세요.

- 할인을 많이 해서 **싸게** 샀어요.
- 저 배우는 정말 **멋있게** 생겼어요.
- 매운 음식을 싫어하니까 **맵지 않게** 만들어 주세요.

연습1 알맞은 말을 쓰고 읽어 봅시다.

1) 

글씨를 ___크게___ 썼어요.

2) 

책상을 ________ 청소했어요.

3) 

아이가 __________ 생겼어요.

4) 

회사에 ________ 오지 마세요.

5) 

______________ 잘 살게요.

6) 

세일해서 신발을 _______ 샀어요.

연습2 **알맞은 말을 쓰고 이야기해 봅시다.**

1) A: 민호 씨, 어제 뭐 했어요?

B: 놀이공원에서 신나게 놀았어요.

2) A: 민수 씨, 이 영화 재미있어요?

B: 네, 진짜 ______________________ 봤어요.

3) A: 시험 문제가 많이 어려웠어요?

B: 아니요, ______________________ 풀었어요.

4) A: 은정 씨, 저 배우 알아요?

B: 네, 연기도 잘하고 ______________________ 생겼어요.

5) A: 저는 매운 음식을 먹을 수 없으니까 ______________ 해 주세요.

B: 네, 알겠습니다.

연습3 **다음과 같이 이야기해 봅시다.**

1) 크다 / 웃다	2) 재미있다 / 말하다
3) 옷 / 멋있다 / 입다	4) 글씨 / 예쁘다 / 쓰다

문법과 표현4 [동],[형]네요

A: 식당에 사람이 정말 **많네요**.

B: 미리 예약하기를 잘했어요.

- 다니엘 씨는 책을 정말 많이 **읽네요**.
- 오빠가 멋있고 키도 **크네요**.
- 서울에서 부산까지 너무 **머네요**.
- 내일이 저스틴 씨 **생일이네요**.
- 동생이 그림을 진짜 잘 **그렸네요**.

연습1 **그림을 보고 말해 봅시다.**

1) 

파마 머리가 잘 어울리다

2) 

눈이 많이 내리다

3) 

길이 너무 막히다

4) 

바다가 정말 아름답다

5) 

집이 크고 좋다

6) 

반찬이 진짜 많다

파마 머리가 잘 **어울리네요**.

연습2 알맞은 말을 쓰고 이야기해 봅시다.

1) A: 우리 동생 사진이에요.

B: 와, 제니 씨를 정말 많이 닮았네요.

2) A: 한국에서 우리 고향까지 12시간 걸려요.

B: 너무 오래 ________________.

3) A: 저는 하루에 커피를 5잔 마셔요.

B: 커피를 많이 ________________.

4) A: 어제 백화점에서 이 운동화를 샀어요.

B: 그래요? 운동화가 진짜 ________________.

5) 

A: 이 가방 예쁘지요? 백화점에서 만 원에 샀어요.

B: 정말 싸게 ________________.

연습3 다음과 같이 이야기해 봅시다.

1) 날씨가 진짜 춥다

2) 한국말이 좀 어렵다

3) 배달이 정말 빠르다

4) 은정 씨가 그림을 잘 그리다

날씨가 진짜 춥네요.

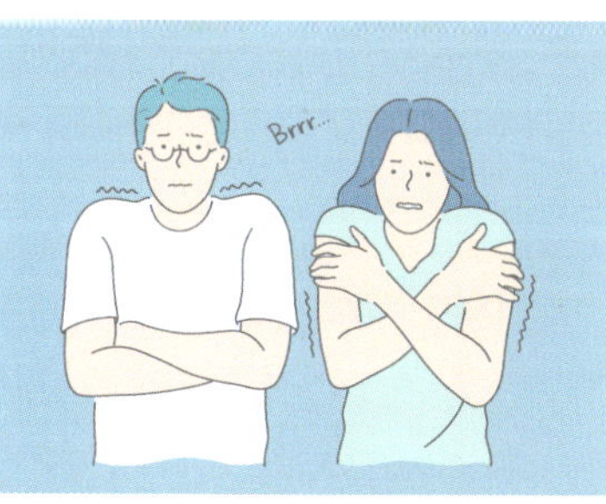

그러네요. 진짜 춥네요.

듣고 말하기

1. 미용실에 무엇을 하러 갑니까?

2. 듣고 질문에 답해 보십시오. 3-3

1) 남자의 직업은 무엇입니까?

2) 듣고 맞는 것을 고르십시오.

① 여자는 예약을 하지 않았어요.
② 여자의 머리카락이 좀 상했어요.
③ 여자는 머리를 짧게 자를 거예요.
④ 여자는 노란색으로 염색할 거예요.

3. 우리 반 친구의 머리 모양을 이야기해 봅시다.

커트 머리

염색 머리

긴 생머리

단발머리

긴 파마머리

짧은 파마머리

올림머리

곱슬머리

누가 커트 머리예요?

OO 씨가 커트 머리예요.

읽고 쓰기

1. 인터넷으로 물건을 주문해 봤습니까?

2. 읽고 질문에 답해 보십시오.

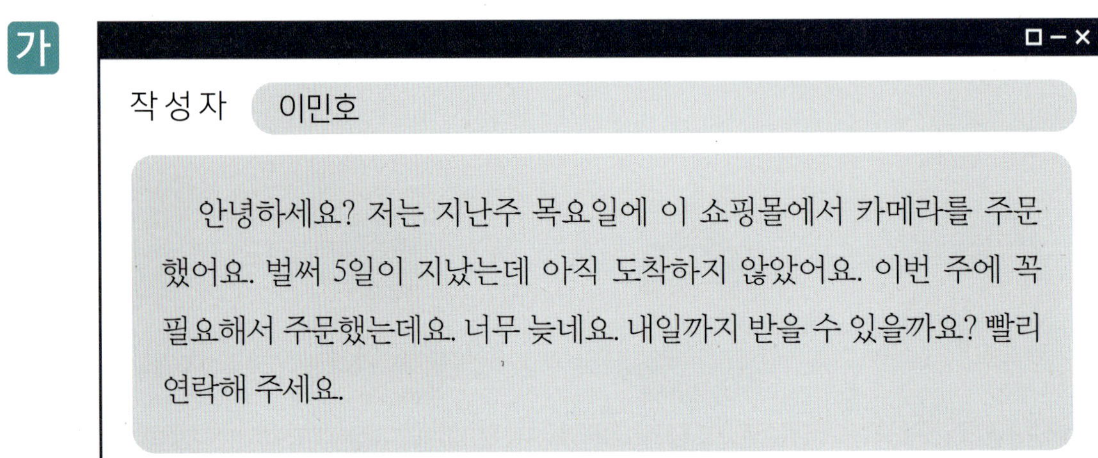

가

작성자 이민호

안녕하세요? 저는 지난주 목요일에 이 쇼핑몰에서 카메라를 주문했어요. 벌써 5일이 지났는데 아직 도착하지 않았어요. 이번 주에 꼭 필요해서 주문했는데요. 너무 늦네요. 내일까지 받을 수 있을까요? 빨리 연락해 주세요.

나

↳Re: 고객 센터

안녕하세요? 고객님, 정말 죄송합니다. 주문이 많아서 물건을 늦게 보냈습니다. 내일이나 모레쯤 도착할 겁니다. 조금만 기다려 주세요.

1) 이민호 씨는 왜 이 글을 썼습니까?

① 카메라를 주문하고 싶어서
② 카메라가 도착하지 않아서
③ 카메라 주문을 취소하고 싶어서
④ 카메라 주문 방법을 알고 싶어서

2) 읽고 맞으면 O, 틀리면 X표를 하십시오.

① 5일 전에 카메라를 주문했어요. (O, X)
② 쇼핑몰에서 물건을 내일 보낼 거예요. (O, X)

3. 게시판에 질문하는 글을 써 봅시다.

문제		
	□ 다른 물건이 오다	□ 물건이 마음에 들지 않다
	□ 사이즈가 안 맞다	□ 다른 색깔의 물건이 도착하다

언제 주문을 했습니까?

무엇을 주문했습니까?

어떻게 하고 싶습니까?

작성자

과제 활동

1. 다음과 같이 이야기해 봅시다.

A: 여보세요. '꼬끼오' 치킨입니다.

B: 치킨 주문하고 싶은데요.

A: 네, 뭘로 해 드릴까요?

B: 마늘 치킨 한 마리, 감자 튀김 둘, 콜라 한 병 주세요.

A: 네, 주소가 어떻게 되세요?

B: 아산시 동남구 선문로 37길 12입니다.

A: 빨리 배달해 드릴게요.

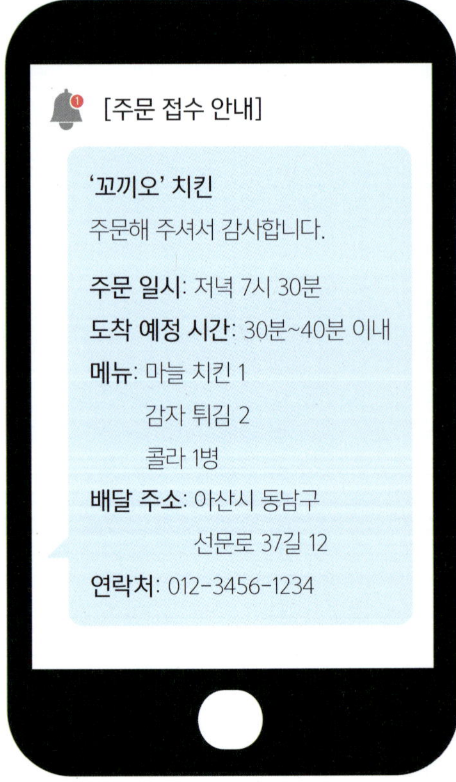

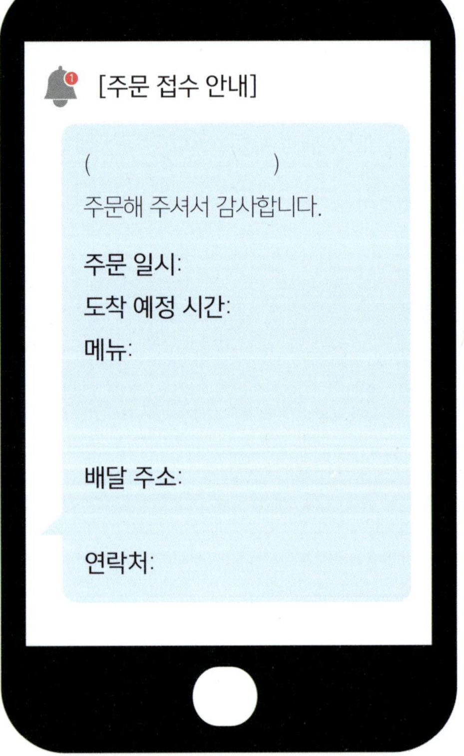

2. 다음과 같이 이야기해 봅시다.

A: 안녕하세요? **저녁 식사 예약**을 하고 싶은데요.

B: 몇 시로 해 드릴까요?

A: **내일 저녁 6시**로 **4명** 예약해 주세요.

B: 네, 알겠습니다. 성함하고 연락처도 말씀해 주시겠습니까?

A: **박지은**이에요. 그리고 연락처는 **010-9876-5432**번이에요.

B: 감사합니다. **내일 저녁 6시에 박지은 님으로 4분** 예약해 드렸습니다.

예약 내용	예약 시간	인원	예약자 / 연락처
1) 저녁 식사 예약	내일 저녁 6시	4명	박지은 / 010-1234-5678
2) 회의실 예약			
3) 호텔 방 예약			

3과 어휘 목록

- 가능하다
- 갈색
- 계산
- 고객 센터
- 곱슬머리
- 귀찮다
- 글씨
- 끝
- 내용
- 다듬다
- 단발머리
- 드라이하다
- 마늘
- 머리카락
- 머리하다
- 미리
- 미용실
- 반장
- 반찬
- 방문
- 방법
- 배달
- 보쌈
- 사이즈
- (머리카락) 상하다
- (예쁘게) 생기다
- 생머리
- 성인
- 세일하다
- 신나다
- 알리다
- 알아보다
- 앱
- 연락처
- (배우) 연기
- 염색하다
- 예약
- 예정
- 올림머리
- 외국인등록증
- 위치
- 이내
- 인원
- 일시
- 자르다
- 작성자
- 전날
- 접수
- 주소
- 직접
- 짜장면
- 취소
- (신용) 카드
- 커트
- 쿠폰
- 파마하다
- (문제) 풀다
- 할인
- 현금
- 호텔

자기 평가

1. 식당에 가기 전에 예약을 해요?
2. 머리를 어떻게 바꾸고 싶어요?
3. 앱이나 전화로 음식을 주문해 봤어요?

문화 읽기

하늘의 별 따기

'하늘의 별 따기'는 이루기가 매우 어려운 일을 비유하는 속담입니다. 휴가철에는 좋은 숙소나 비행기 표를 구하기가 정말 어렵습니다. 이런 상황에서 '숙소 구하기가 하늘의 별 따기예요.'라고 말합니다. 이와 반대로 어떤 일을 하기가 매우 쉬울 때는 '식은 죽 먹기'라고 말합니다.

4과 고향과 명절

추석에 고향에 잘 다녀왔어요?

학습 목표

1. 고향을 소개할 수 있다.
2. 한국의 명절에 대해 알 수 있다.

어휘

1. 고향 관련 어휘
2. 명절 어휘

문법과 표현

1. -지 못하다
2. -지만
3. -보다
4. -는다

어 휘

1. 고향 관련 어휘입니다. 말해 봅시다.

1) 

경치가 아름답다

2) 

공기가 맑다

3) 

해산물이 유명하다

4) 

관광지가 많다

5) 

바닷가에 있다

6) 

인구가 많다

7) 

물가가 비싸다

8) 

거리가 복잡하다

제 고향은 경치가 아름다워요.

2. 한국 명절 관련 어휘입니다. 읽어 봅시다.

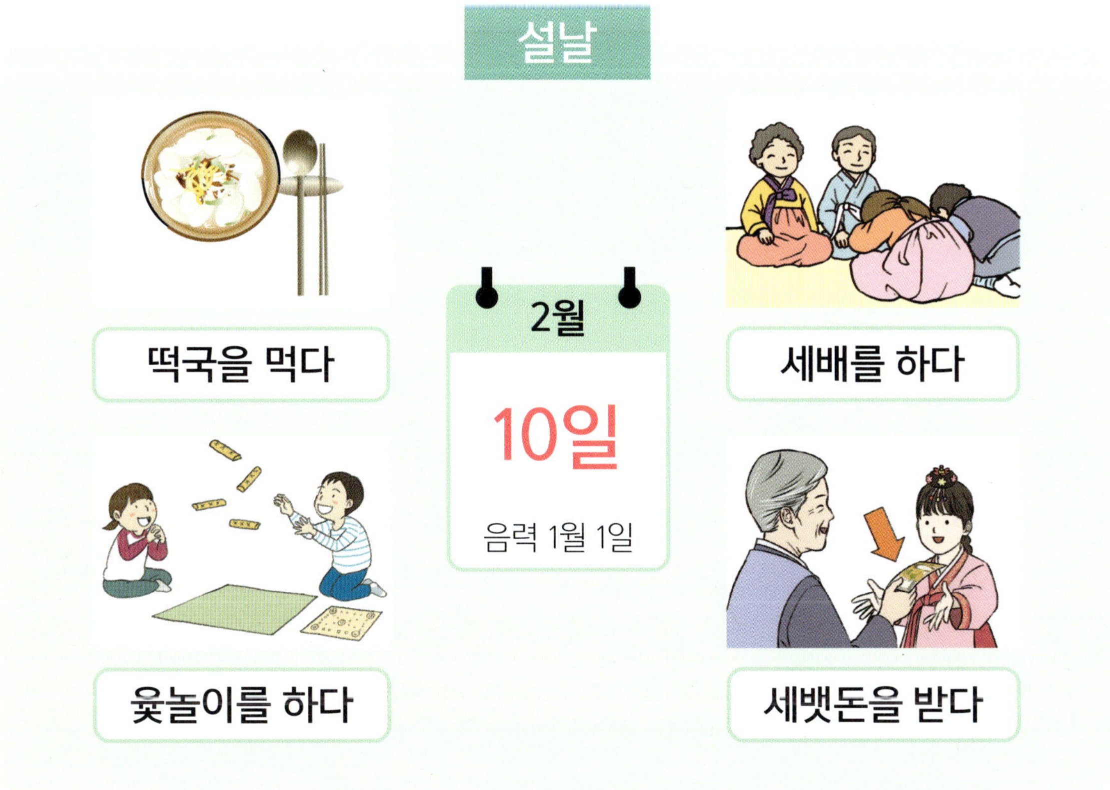

문법과 표현1 [동]지 못하다

A: 설날에 떡국 먹었어요?

B: 아니요, 이번 설날에는 **먹지 못했어요**.

- 제 동생은 아직 책을 **읽지 못해요**.
- 비가 많이 와서 성묘를 **가지 못해요**.
- 아까 너무 바빠서 전화를 **받지 못했어요**.

[동]지 못해요 = 못 [동]아요/어요

- 커피가 뜨거워서 마시지 못해요. = 커피가 뜨거워서 못 마셔요.
- 기숙사에서 요리를 하지 못해요. = 기숙사에서 요리를 못 해요.

연습1 다음과 같이 이야기해 봅시다.

1) 송편을 빚다 2) 자전거를 타다 3) 수영을 하다

4) 술을 마시다 5) 중국어 책을 읽다 6) 김치찌개를 먹다

송편을 빚을 수 있어요?

아니요, 저는 송편을 **빚지 못해요**.

아니요, 저는 송편을 **못 빚어요**.

연습2 맞게 연결하고 이야기해 봅시다.

1) 이건 왜 안 먹었어요? •	• 영화표가 매진되다
2) 이 영화 봤어? •	• 너무 맵다
3) 아까 왜 전화 안 받았어요? •	• 돈이 부족하다
4) 이따가 모임에 가지요? •	• 오늘은 약속이 있다
5) 그 치마 예쁜데 왜 안 사? •	• 운전하고 있다

이건 왜 안 먹었어요?

너무 매워서 못 먹었어요.

연습3 쓰고 이야기해 봅시다.

1) 핸드폰이 고장 났어요.

무엇을 하지 못해요?

- 친구에게 전화를 하지 못해요.
-
-

2) 다리를 다쳤어요.

무엇을 하지 못해요?

-
-
-

문법과 표현2 [동],[형]지만

A: 로라 씨 고향은 어때요?

B: 제 고향은 공기가 **맑지만** 교통이 불편해요.

- 삼계탕은 **좋아하지만** 불고기는 좋아하지 않아요.
- 형은 키가 **크지만** 동생은 키가 작아요.
- 그 남자의 이름은 **알지만** 전화번호는 몰라요.
- 어제 날씨가 **추웠지만** 등산을 갔어요.
- 다니엘은 **외국인이지만** 한국말을 잘해요.

연습1 다음과 같이 이야기해 봅시다.

1) 도시 생활
교통이 편리하다 / 물가가 비싸다

2) 닭갈비
맵다 / 맛있다

3) 집
학교에서 멀다 / 싸고 좋다

4) 새 구두
예쁘다 / 불편하다

도시 생활이 어때요?

교통이 **편리하지만** 물가가 비싸요.

연습2 **다음과 같이 쓰고 이야기해 봅시다.**

> A: 한국어를 정말 잘하네요.
>
> B: 말하기는 <u>잘하지만</u> 쓰기는 많이 부족해요.

1) A: 농구를 좋아해요?

   B: 네, 농구를 ______________________ 잘 못해요.

2) A: 이 영화 재미있어요?

   B: 네, 정말 ______________________ 좀 슬프네요.

3) A: 이 가방 마음에 들어요?

   B: 네, ______________________ 너무 비싸서 못 사겠어요.

4) A: 이 책 다 읽었어요?

   B: 네, 다 ______________________ 내용을 이해하기 어려웠어요.

5) A: 일본에 가 봤어요?

   B: 아니요, 중국은 ______________________ 일본은 아직 못 가 봤어요.

6) A: 면접시험 잘 봤어요?

   B: 아니요, 준비는 열심히 ______________________ 긴장해서 잘 못 봤어요.

연습3 그림을 보고 알맞은 말을 써 봅시다.

1)

택시는 ______________________________.

2)

도시는 ______________________________.

3)

겨울은 ______________________________.

4)

한국어 공부는 ______________________________.

듣기

1. 여러분의 고향은 도시입니까? 시골입니까?

2. 듣고 질문에 답해 보십시오. 4-1

1) 여자의 고향은 어디입니까?

①

②

③

④

2) 듣고 맞으면 O, 틀리면 X표를 하십시오.

① 남자의 고향은 물가가 싸요. (O, X)

② 여자는 낚시를 많이 해 봤어요. (O, X)

말하기

4-2

저스틴: 히엔 씨, 오랜만이에요. 추석에 고향에 잘 다녀왔어요?

히 엔: 네, 오랜만에 가족들과 함께 식사도 하고 이야기도 많이 나눴어요. 저스틴 씨는 어떻게 지냈어요?

저스틴: 저는 고향 음식을 먹지 못해서 좀 슬펐어요. 하지만 기숙사 친구들과 같이 송편을 만들고 보름달도 봤어요.

히 엔: 그래요? 고향에는 못 갔지만 좋은 친구들이 있어서 다행이네요. 참! 이거 받으세요. 우리 고향에서 유명한 망고 과자예요.

저스틴: 와, 고마워요. 잘 먹을게요.

1. 대답해 봅시다.

1) 히엔은 고향에서 무엇을 했습니까?

2) 저스틴은 기숙사에서 무엇을 했습니까?

2. 대화 내용을 바꿔서 이야기해 봅시다.

1) 수석	2) 설날	3) 크리스마스
이야기도 많이 나누다	고향 친구들도 만나다	선물도 주고받다
고향 음식을 먹다	고향에 가다	가족을 만나다
송편을 만들다 / 보름달도 보다	떡국을 만들다 / 윷놀이도 하다	케이크를 만들다 / 파티를 하다

3. 친구와 이야기해 봅시다.

질문	나	친구 (　　　)
1) 언제 고향에 가고 싶어요? □ 추석　□ 설날 □ 크리스마스　□ (　　　)		
2) 어떤 음식을 먹고 싶어요?		
3) 무엇을 하고 싶어요?		

발음 확인

1. 나눴어요 [나눠써요]
2. 먹지 못해서 [먹찌모태서]
3. 못 갔지만 [몯깓찌만]

문법과 표현3 [명]보다

A: 고향 물가가 싸요? 한국 물가가 싸요?

B: **한국보다** 고향 물가가 더 싸요.

- **평일보다** 주말이 더 한가해요.
- 택시가 **버스보다** 빠릅니다.
- 나는 **치마보다** 바지를 자주 입어요.

연습1 알맞은 문장을 쓰고 말해 봅시다.

1) 339,997,000명

51,558,000명

미국이 한국보다 인구가 많아요.

2) 

부산이 ______________________.

3) 

아만다가 ______________________.

4) 

떡볶이가 ______________________.

연습2 이야기해 봅시다.

1)	무엇을 더 좋아해요?	커피	녹차
2)	어디에서 살고 싶어요?	도시	시골
3)	어디가 더 추워요?	한국	고향
4)	무엇이 더 중요해요?	돈	건강
5)	무엇이 더 어려워요?	읽기	듣기
6)	무엇이 더 많아요?	구두	운동화

문법과 표현4 [동]ㄴ/는다 [형]다

오늘은 **추석이다**.

추석에는 송편을 **먹는다**.

송편은 참 **맛있다**.

[동]	-ㄴ/는다	-았/었다	-(으)ㄹ 것이다	-지 않는다
보다	본다	봤다	볼 것이다	보지 않는다
걷다	걷는다	걸었다	걸을 것이다	걷지 않는다
[형]	-다	-았/었다	-(으)ㄹ 것이다	-지 않다
크다	크다	컸다	클 것이다	크지 않다
어둡다	어둡다	어두웠다	어두울 것이다	어둡지 않다
[명]	-이다	-이었/였다	-일 것이다	-이/가 아니다
가수	가수이다	가수였다	가수일 것이다	가수가 아니다
휴일	휴일이다	휴일이었다	휴일일 것이다	휴일이 아니다

연습1 **알맞은 말을 써 봅시다.**

1) 일이 많아서 **바빠요.**

바쁘다

2) 아르바이트를 **쉬어요.**

3) 여기는 **우체국입니다.**

4) 내일은 문을 **열지 않습니다.**

5) 지난주에 성묘를 **갔어요.**

6) 채소가 별로 **신선하지 않아요.**

7) 오늘은 **휴일이 아니에요.**

8) 한국에서 계속 **살 거예요.**

연습2 알맞은 문장을 쓰고 읽어 봅시다.

1) "추석에 송편을 만듭니다."

✏ ______________________________

2) "호텔은 제가 벌써 예약했어요."

✏ ______________________________

3) "방학에 부산에 가고 싶어요."

✏ ______________________________

4) "제 고향은 커피가 유명해요."

✏ ______________________________

5) "설날에도 차례를 지냅니다."

✏ ______________________________

6) "서울은 거리가 복잡할 거예요."

✏ ______________________________

7) "어제가 내 생일이었어."

✏ ______________________________

8) "저는 떡국을 먹어 봤어요."

✏ ______________________________

연습3 알맞은 말을 골라 써 봅시다.

제주도 가다 맛있다 따뜻하다 먹다

내 고향은 한국에서 가장 큰 섬, ①__________. 제주도 날씨는 서울보다 더 ②__________. 제주도는 유명한 관광지가 많고 바다도 아름다워서 사람들이 많이 놀러 ③______. 제주도는 해산물이 유명해서 관광객들은 보통 해산물 요리를 많이 ④______. 하지만 제주도는 돼지고기도 아주 ⑤__________.

듣고 쓰기

1. 고향에서 유명한 것은 무엇입니까?

2. 듣고 질문에 답해 보십시오. 4-3

1) 남자의 고향은 어디입니까?

2) 남자의 고향에 대한 설명으로 맞는 것을 고르십시오.

①

☐

☐

②

☐

☐

③

☐

☐

3. 여러분의 고향을 소개해 봅시다.

1) 고향이 어디예요?

2) 고향의 날씨는 어때요?

3) 유명한 관광지가 어디예요?

4) 어떤 음식이 맛있어요?

읽고 말하기

1. 한국의 설날은 음력 몇 월 며칠입니까?

2. 타오의 이야기입니다. 읽고 질문에 답하십시오.

나는 설날에 한국 친구 집에 갔다. 친구 집에서 친구와 같이 한복을 입고 친구 부모님께 세배를 드렸다. 나는 절을 할 줄 몰라서 친구를 보고 따라 했다. 친구 부모님께서 세뱃돈을 주셨다. 우리 고향에서도 설날에 부모님께서 세뱃돈을 주신다. 그래서 고향 생각이 났다. 세배를 드린 후에 다 같이 떡국을 먹었다. 그리고 윷놀이도 처음 해 봤는데 생각보다 어렵지 않았다.

그동안 한국 문화를 많이 경험하지 못했는데 이번에 한국 문화를 많이 배워서 정말 좋았다.

1) 타오는 설날에 어디에 갔습니까?

2) 읽고 맞으면 O, 틀리면 X표를 하십시오.

① 친구와 같이 떡국을 만들었어요. (O, X)

② 타오는 윷놀이를 많이 해 봤어요. (O, X)

③ 타오는 절을 하고 세뱃돈을 받았어요. (O, X)

3. 인터뷰를 해 봅시다.

질문	나	친구1 ( )	친구2 ( )
1) 설날은 몇 월 며칠이에요?			
2) 며칠 쉬어요?			
3) 무엇을 입어요?			
4) 무엇을 먹어요?			
5) 무엇을 해요?			

과제 활동

1. 친구들과 함께 윷놀이를 해 봅시다.

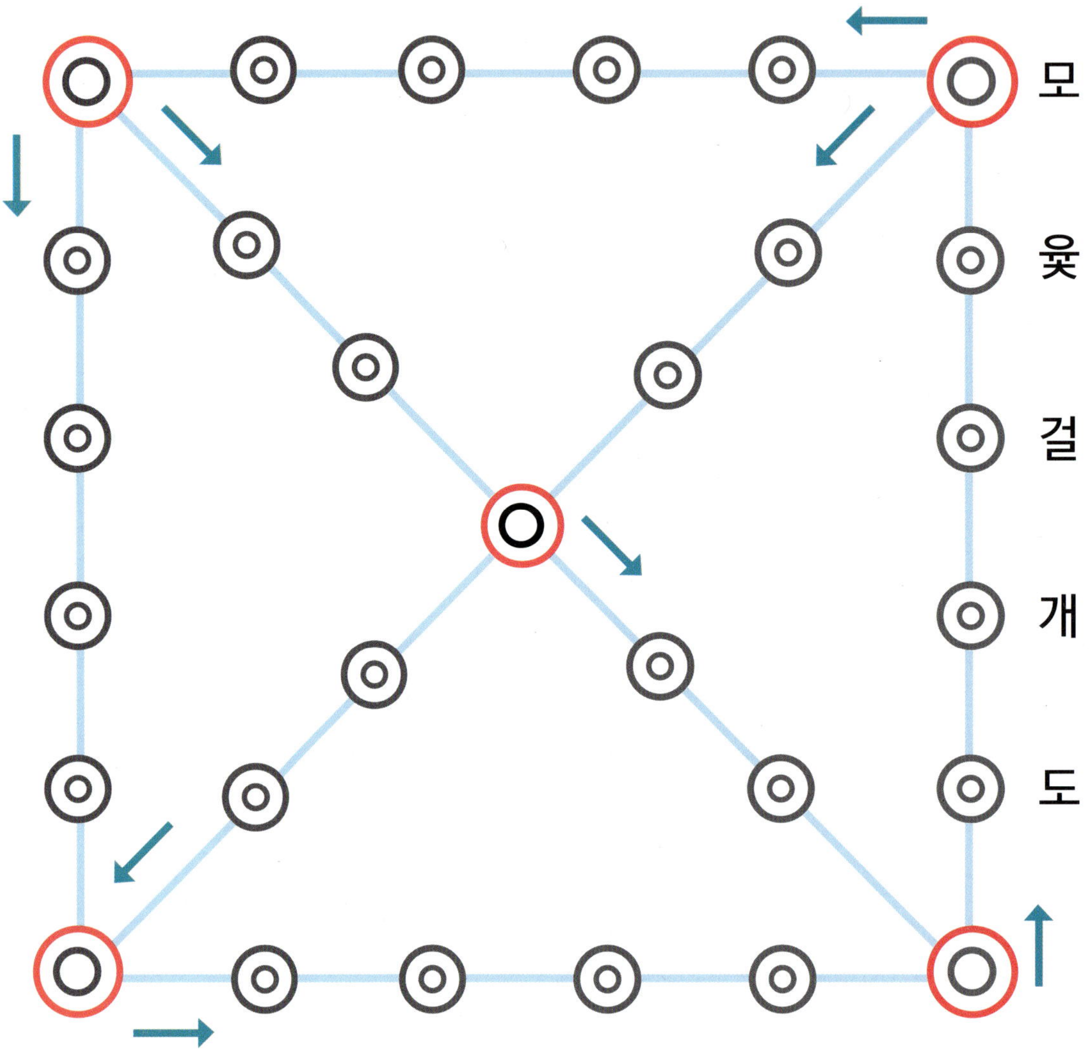

모

윷

걸

개

도

2. 인터뷰를 하고 친구에 대해 발표해 봅시다.

A: 타냐 씨는 무슨 동물을 좋아해요?

B: 저는 고양이를 좋아해요.

A: 토끼도 좋아해요?

B: 아니요, 토끼는 안 좋아해요.

동물 과일 음악 영화

이름	👍	👎	👍	👎	👍	👎	👍	👎
타냐	고양이	토끼	딸기	포도	클래식	록	코미디	공포

타냐 씨는 고양이를 좋아하지만 토끼는 안 좋아해요.

4과 어휘 목록

- 거리
- 경주
- 경치
- 계속
- 관광객
- 관광지
- 그립다
- 긴장하다
- (이야기를) 나누다
- 다행이다
- 닭갈비
- 도시
- 돼지고기
- 따라하다
- 떡국
- 록
- 마을
- 망고
- 매진되다
- 면접시험
- 물가
- 바닷가
- 보름달
- 복잡하다
- 부족하다
- 분위기
- (송편을) 빚다
- 설날
- 섬
- 성묘
- 세배
- 세뱃돈
- 송편
- 슬프다
- 시골
- 신선하다
- 윷놀이
- 음력
- 이해하다
- 인구
- 중요하다
- (차례를) 지내다
- 차례
- 참
- 추석
- 크리스마스
- 클래식
- 특히
- 편리하다
- 평일
- 포도
- 한가하다
- 해산물
- 고장 나다
- 생각이 나다

자기 평가

1. 고향은 어떤 곳이에요?
2. 한국과 고향은 무엇이 달라요?
3. 교실에서 무엇을 하지 못해요?

문화 읽기

향수병에 걸렸어요.

외국에서 지내면 고향이 무척 그리워집니다. 이렇게 고향을 그리워하는 것을 병에 걸린 것에 비유해서 '향수병에 걸렸다'고 표현합니다.

5과 한국 생활

한국 문화를 잘 몰라서 힘들었어요

학습 목표

1. 한국의 예절을 알 수 있다.
2. 한국의 식사 예절을 이해할 수 있다.

어휘

1. 한국 예절 어휘
2. 한국의 식사 예절 어휘

문법과 표현

1. -아도/어도 되다
2. -아서/어서[2]
3. -(으)면 안 되다
4. -아야/어야 하다

어 휘

1. 한국의 예절 관련 어휘입니다. 쓰고 읽어 봅시다.

1)

고개를 숙이다

2)

왼손으로 악수를 하다

3)

한 손으로 물건을 받다

4)

손을 흔들다

5)

자리를 양보하다

6)

높임말을 하다

예의가 있어요.	예의가 없어요.
• 고개를 숙여요.	•
•	•
•	•

2. 한국의 식사 예절입니다. 읽어 봅시다.

식사 중에 코를 풀지 않는다.

그릇을 들고 먹지 않는다.

식사 예절

숟가락과 젓가락을 한 손에 잡지 않는다.

식사 중에 트림을 하지 않는다.

3. 생활 속에서 느끼는 감정이나 상태 관련 어휘입니다. 알맞은 단어를 쓰십시오.

심심하다	긴장하다	실수하다	이해하다

1) 집에서 아무것도 안 해요. 그래서 재미없어요.

2) 한국 문화를 몰라서 어른께 반말을 했어요.

3) 발표를 하기 전에 항상 손에 땀이 나요.

4) 선생님의 설명을 들었어요. 이제 잘 알아요.

문법과 표현1 [동]아도/어도 되다

A: 유키 씨 나라에서는 그릇을 들고 **먹어도 돼요**?

B: 네, 우리나라에서는 그릇을 들고 **먹어도 돼요**.

- 이 신발을 신어 **봐도 돼요**?
- **늦어도 되니까** 조심히 오세요.
- 숙제는 내일까지 **해도 됩니다**.
- 교실 컴퓨터를 **꺼도 됩니까**?
- 한국에서는 식당에서 팁을 **주지 않아도 돼요**.

연습1 다음과 같이 이야기해 봅시다.

1) 동생에게 반말을 하다
2) 음악을 듣다
3) 1시에 출발하다
4) 여기에 눕다
5) 휴게실에서 쉬다
6) 표를 미리 사다

동생에게 반말을 **해도 돼요**?

네, 반말을 **해도 돼요**.

연습2 **다음과 같이 쓰고 말해 봅시다.**

A: 이 지우개 좀 빌려도 돼요?

B: 물론이죠. 여기 있어요.

1) A: 너무 덥네요. 창문 좀 열어도 돼요?

B: 네, ________________________________.

2) A: 방에 잠깐 ________________________________?

B: 네, 괜찮아요. 들어오세요.

3) A: 오늘 밤에 ________________________________?

B: 안 돼요. 내일 아침에 전화하세요.

4) A: 선생님, 잠깐 화장실에 ________________________?

B: 네, 빨리 다녀오세요.

5) A: 수업 끝난 후에 질문해도 돼요?

B: 네, ________________________________.

6) A: 이 신문 비려도 괜찮아요?

B: 네, 그 신문은 ____________________________.

문법과 표현2 [동]아서/어서²

A: 어제 뭐 했어요?

B: 공원에 **가서** 쓰레기를 주웠어요.

- 주말에 친구를 **만나서** 영화관에 갈 거예요.
- 귀찮으니까 치킨을 **시켜서** 먹읍시다.
- 침대에 **누워서** 만화책을 보고 있어요.
- 빨래를 **해서** 다리미로 다렸어요.

연습1 알맞은 문장을 쓰고 읽어 봅시다.

1) 케이크를 만들다 ➡ 맛있게 먹다

케이크를 **만들어서** 맛있게 먹어요.

2) 도서관에 가다 ➡ 책을 빌리다

_______________.

3) 의자에 앉다 ➡ 커피를 마시다

_______________.

4) 편지를 쓰다 ➡ 보내다

_______________.

연습2 **맞게 연결하고 말해 봅시다.**

1) 친구를 만나다 •	• 약을 샀어요.
2) 컴퓨터를 켜다 •	• 캠핑하러 갈 거예요.
3) 약국에 가다 •	• 이메일을 확인하겠습니다.
4) 사진을 찍다 •	• 피자를 주문했어요.
5) 전화를 걸다 •	• SNS에 올릴까요?
6) 열심히 연습하다 •	• 말하기 대회에 나갈 거예요.

친구를 만나서 캠핑하러 갈 거예요.

연습3 다음 단어 중 알맞은 것에 ○표 하십시오.

아침에 일찍 [일어나고 / 일어나서] 운동을 했다. 식당에서 아침을 [먹고 / 먹어서] 세수를 했다. 옷을 [입고 / 입어서] 학교에 갔다. 학교에 [가고 / 가서] 공부를 했다. 쉬는 시간에 편의점에 [가고 / 가서] 커피를 마셨다. 1시에 수업이 끝났다. 수업 후에 운동장에서 친구들과 축구를 [하고 / 해서] 샤워를 했다. 저녁에 친구를 [만나고 / 만나서] 놀았다. 같이 영화를 [보고 / 봐서] 밥도 먹었다. 저녁 8시에 버스를 [타고 / 타서] 돌아왔다. 기숙사에 돌아와서 복습을 [하고 / 해서] 숙제를 했다. 그리고 일기를 [쓰고 / 써서] 잠을 잤다.

듣기

1. 여러분 나라에서는 버스에서 음식을 먹어도 됩니까?

2. 듣고 질문에 답해 보십시오. 5-1

1) 두 사람은 햄버거를 어디서 먹을 겁니까?

2) 듣고 맞는 것을 고르십시오.

① 여자는 햄버거를 먹고 버스에 탔어요.

② 햄버거 가게는 버스 정류장 앞에 있어요.

③ 남자는 가게에서 햄버거를 먹고 싶어 해요.

④ 한국에서는 버스에서 음료수를 마실 수 있어요.

말하기

5-2

저스틴: 소피아 씨, 요즘 잘 지내요? 아직도 한국 생활이 많이 힘들어요?

소피아: 아니요, 처음에는 좀 힘들었지만 지금은 괜찮아요.

저스틴: 처음에 뭐가 제일 힘들었어요?

소피아: 한국 문화를 잘 몰라서 힘들었어요. 그런데 지금은 한국 문화를 많이 배워서 괜찮아요.

저스틴: 정말 다행이네요.

소피아: 그리고 오후에는 동아리 모임에 가서 케이팝 댄스를 연습하고 있어요.

저스틴: 그래요? 저도 하고 싶은데 지금 신청할 수 있을까요?

소피아: 그럼요. 지금 신청해도 돼요.

1. 대답해 봅시다.

1) 소피아는 한국에 와서 왜 힘들었습니까?

2) 저스틴은 무엇을 배우고 싶어 합니까?

2. 대화 내용을 바꿔서 이야기해 봅시다.

1) 한국 문화를 잘 모르다 / 힘들었다 한국 문화를 좀 알다 동아리 모임에 가다 / 케이팝 댄스를 연습하다	2) 한국말을 잘 못하다 / 실수가 많았다 한국말을 이해할 수 있다 특별 수업을 신청하다 / 단소를 배우다	3) 한국에 친구가 없다 / 외로웠다 친구를 많이 사귀다 문화 센터에 가다 / 한국 요리를 배우다

3. 인터뷰를 해 봅시다.

상태	☐ 즐겁다 ☐ 힘들다 ☐ 심심하다 ☐ 기타
가장 힘든 점	☐ 돈이 부족해서 ☐ 가족이 보고 싶어서 ☐ 공부가 어려워서 ☐ 음식을 잘 못 먹어서
배우고 싶은 것	☐ 한국 요리 ☐ 악기 연주 ☐ 케이팝 댄스 ☐ 기타

질문	나 ( )	친구 ( )
1) 요즘 한국 생활이 어때요?		
2) 한국에 와서 무엇이 가장 힘들었어요?		
3) 한국에서 무엇을 배워 보고 싶어요?		

발음 확인

1. 생활이 [생화리]
2. 힘들었지만 [힘드러찌만]
3. 그럼요 [그럼뇨]

문법과 표현3 [동](으)면 안 되다

A: 식사 중에 코를 풀어도 돼요?

B: 아니요, 식사 중에 코를 **풀면 안 돼요**.

- **늦으면 안 되니까** 일찍 출발하세요.
- 우유가 상했으니까 **마시면 안 돼요**.
- 밥을 먹고 바로 **누우면 안 됩니다**.
- 물을 너무 많이 **부으면 안 돼요**.

연습1 그림을 보고 이야기해 봅시다.

1) 영화관에서 무엇을 하면 안 돼요?

동영상을 촬영하다

의자 위에 다리를 올리다

2) 버스에서 무엇을 하면 안 돼요?

큰 소리로 통화하다

버스에 음료수를 들고 타다

연습2 다음과 같이 쓰고 이야기해 봅시다.

A: 박물관에서 사진을 찍을 수 있어요?

B: 아니요, <u>사진을 찍으면 안 돼요</u>.

1) 

A: 길에 쓰레기를 버려도 돼요?

B: 아니요, 길에 ____________________.

2) 

A: 술을 마신 후에 운전해도 돼요?

B: 아니요, ____________________.

3)

A: 저 식당에 강아지랑 같이 들어가도 돼요?

B: 아니요, 저기는 강아지랑 같이 __________.

4) 

A: 여기에 주차해도 돼요?

B: 아니요, ____________________.

5) 

A: 여기에 앉아도 돼요?

B: 아니요, ____________________.

문법과 표현4 [동]아야/어야 하다

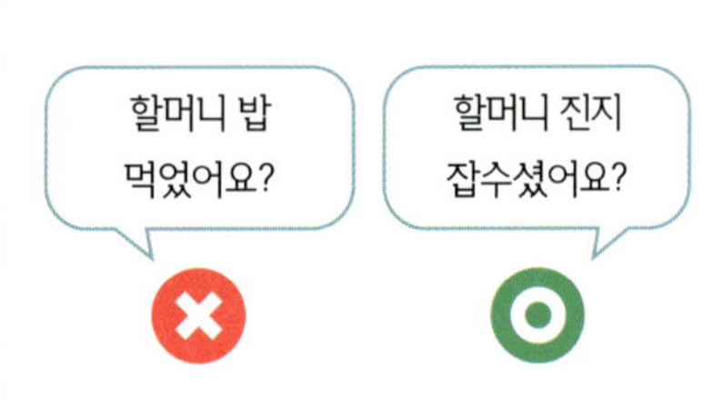

A: 한국에서는 어른들께 높임말을 써야 해요?

B: 네, 어른들께는 꼭 높임말을 **써야 해요**.

- 두 손으로 물건을 **받아야 해요**.
- 내일까지 책을 **돌려줘야 해요**.
- 다음 주에 시험이 있으니까 주말에 **공부해야 해요**.
- 본문을 많이 읽고 **들어야 합니다**.

[동]아야/어야 해요 = [동]아야/어야 돼요

- **매일 운동을 해야 해요. = 매일 운동을 해야 돼요.**

연습1 다음과 같이 이야기해 봅시다.

1)	선생님이 교실에 들어오셨다	인사를 하다
2)	시계가 고장 났다	고치러 가다
3)	감기에 걸렸다	약을 먹고 푹 쉬다
4)	지금 한국 돈이 없다	돈을 바꾸다
5)	기차에 빈자리가 없다	서서 가다

선생님이 교실에 들어오셨어요. 어떻게 해요?

선생님이 교실에 들어오셨으니까 인사를 해야 해요.

연습2 알맞은 문장을 쓰고 이야기해 봅시다.

1) 한국어를 잘하고 싶은데 무엇을 해야 해요?

• 예습과 복습을 잘해야 해요.

• ____________________

2) 건강하게 오래 살고 싶은데 어떻게 해야 돼요?

• 담배를 피우지 말아야 해요.

• ____________________

3) 아이가 자고 있어요. 어떻게 해야 해요?

• ____________________

• ____________________

4) 방학에 해외여행을 갈 거예요. 무엇을 해야 해요?

• ____________________

• ____________________

듣고 쓰기

1. 기숙사에는 어떤 규칙이 있어요?

2. 듣고 질문에 답해 보십시오. 5-3

1) 여자는 왜 기숙사 생활이 힘듭니까?

2) 듣고 맞으면 O, 틀리면 X표를 하십시오.

① 기숙사에 11시 이후에 들어가도 돼요. (O, X)

② 기숙사 방 안에서 요리를 하면 안 돼요. (O, X)

③ 기숙사에서 여러 나라의 친구들과 같이 살아요. (O, X)

3. 우리 반 규칙이나 방 규칙을 만들어 봅시다.

<우리 반 규칙>

	해야 해요.	하면 안 돼요.
1)	수업 시간에 집중해야 해요.	수업 시간에 자면 안 돼요.
2)		
3)		
4)		

<우리 방 규칙>

	해야 해요.	하면 안 돼요.
1)	12시 전에 불을 꺼야 해요.	방에서 담배를 피우면 안 돼요.
2)		
3)		
4)		

읽고 말하기

1. **어떤 한국 예절을 알고 있습니까?**

2. **읽고 질문에 답해 보십시오.**

어제 지난 학기 선생님과 친구들을 만나서 식당에 갔다. 음식이 나온 후에 선생님께서 먼저 식사를 시작하셨다. 우리나라에서는 나이에 관계없이 누구나 먼저 밥을 먹어도 된다. 하지만 한국에서는 어른이 먼저 식사를 시작한 후에 아랫사람이 먹어야 한다. 내가 밥그릇을 들고 먹으니까 선생님께서 "한국에서는 그릇을 들고 먹으면 안 돼요. 그릇은 상 위에 놓고 먹어야 해요."라고 말씀하셨다. 그리고 "한 손에 숟가락과 젓가락을 같이 잡으면 안 돼요."라고 가르쳐 주셨다. 나는 한국 어른들과 식사를 안 해 봐서 한국의 식사 예절을 잘 몰랐다. 선생님 덕분에 한국의 식사 예절을 배울 수 있어서 좋았다. 이번에 한국의 식사 예절을 배웠으니까 앞으로 식사 자리에서 실수하지 않을 것이다.

1) 무엇에 대한 이야기입니까?

① 한국의 음식 문화
② 한국의 식사 예절
③ 한국의 초대 문화
④ 한국의 식당 예절

2) 읽고 맞는 것을 고르십시오.

① 나는 가끔 한국의 어른들과 식사를 한다.
② 나는 식당에서 선생님과 친구들을 만났다.
③ 한국에서는 그릇을 상 위에 놓고 먹어야 한다.
④ 한국에서는 나이에 관계없이 먼저 식사를 시작해도 된다.

3. 여러분 나라의 식사 예절을 말해 봅시다.

한국의 식사 예절	우리나라 식사 예절	
	O	X
1) 그릇을 상 위에 놓고 먹는다.		
2) 식사 중에 코를 풀면 안 된다.		
3) 식사 중에 트림을 하면 안 된다.		
4) 숟가락과 젓가락을 한 손에 잡지 않는다.		
5) 어른보다 먼저 식사를 하면 안 된다.		
6) 어른이 식사를 마치기 전에 먼저 일어나지 않는다.		

한국에서는 그릇을 상 위에 놓고 먹어야 하지만 우리나라에서는 그릇을 들고 먹어도 됩니다. 그리고 우리나라에서도 식사 중에 코를 풀면 안 됩니다.

과제 활동

1. 무엇을 해도 돼요? 무엇을 하면 안 돼요? 친구와 이야기해 봅시다.

버스에서 커피를 마시다	빨간색으로 이름을 쓰다
실내에서 신발을 신다	다른 사람 아이의 머리를 만지다
식당에서 팁을 안 주다	친구 결혼식에서 하얀색 옷을 입다
고등학생이 운전을 하다	커피숍에서 휴대폰을 놓고 화장실에 가다

OO 씨 나라에서는 버스에서
커피를 마셔도 돼요?

네, 우리나라에서는 버스에서
커피를 마셔도 돼요.

아니요, 우리나라에서는 버스에서
커피를 마시면 안 돼요.
버스에 타기 전에 커피를 마시고
타야 해요.

2. 장소 카드를 1개 뽑아서 다음과 같이 설명해 봅시다. 그리고 친구의 설명을 듣고 그 장소를 말해 봅시다.

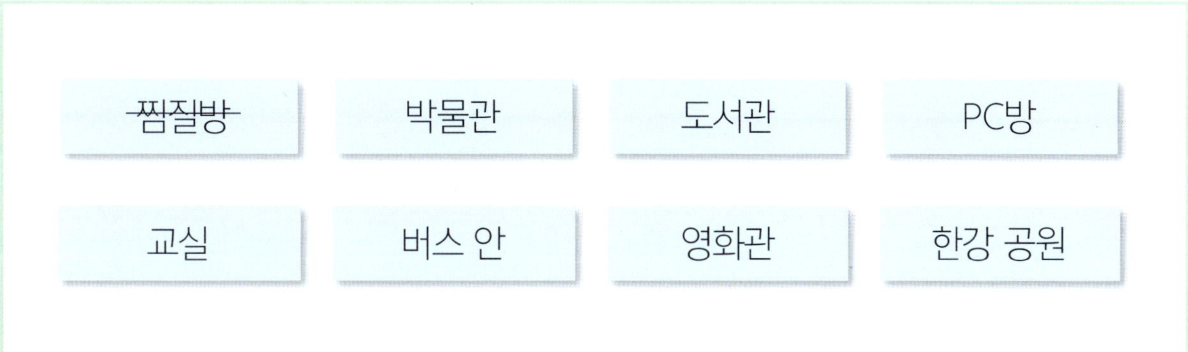

여기에서 빨래를 하면 안 돼요. 여기에서 자도 돼요. 들어가기 전에 돈을 내야 해요. 여기에서 사우나를 할 수 있어요. 여기는 어디일까요?

정답: 찜질방

5과 어휘 목록

- 강아지
- 고개
- 고등학생
- 고치다
- 관계없이
- 규칙
- 그냥
- 그럼(당연하다)
- (대회에) 나가다
- (돈을) 내다
- 높임말
- 누구나
- 눕다
- 다리다
- 다리미
- 단소
- 대회
- 댄스
- 덕분
- 돌려주다
- 동아리
- 땀
- 마치다
- 물론
- 배달시키다
- 본문
- 빈자리
- (밥)상
- 서다
- 숙이다
- 술
- 실내
- 쉬는 시간
- 실수하다
- 심심하다
- 아랫사람
- 아무것
- 악수
- 양보하다
- 어른
- 연습하다
- 예의
- 예절
- (글을) 올리다
- 왼손
- 줍다
- 집중하다
- 촬영
- 트림
- 특별
- 팁
- (코를) 풀다
- 학기
- 해외여행
- 흔들다

자기 평가

1. 수업 시간에 화장실에 가도 돼요?
2. 지하철에서 무엇을 하면 안 돼요?
3. 학생은 무엇을 꼭 해야 해요?

문화 읽기

절을 할 줄 알아요?

여자

① 오른손을 왼손 위에 올린 후 어깨 높이로 팔을 올려요.
② 왼쪽, 오른쪽 순서로 무릎을 굽혀서 앉아요.
③ 몸을 45도 정도 숙여서 절을 한 후 일어나요.
④ 두 손을 모은 후에 고개를 숙여서 인사를 해요.

남자

  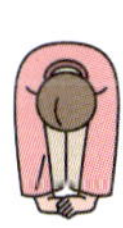  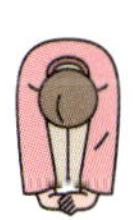 

① 왼손을 오른손 위에 올린 후 눈높이까지 올려요.
② 왼쪽, 오른쪽 무릎 순서로 무릎을 굽혀요.
③ 손을 바닥에 대고 머리를 숙여서 절을 한 후 일어나요.
④ 두 손을 모은 후에 고개를 숙여서 인사를 해요.

6과 길 찾기

횡단보도를 건너서 왼쪽으로 가세요

학습 목표

1. 길을 묻고 대답할 수 있다.
2. 목적지까지 가는 방법을 설명할 수 있다.

어휘

1. 길찾기 관련 어휘
2. 방향 어휘

문법과 표현

1. -으로/로[2]
2. -(으)면
3. -(으)려고 하다
4. -마다

Your location
Destination
10 min (5.8 km)
Start

어휘

1. 길찾기 관련 어휘입니다. 읽어 봅시다.

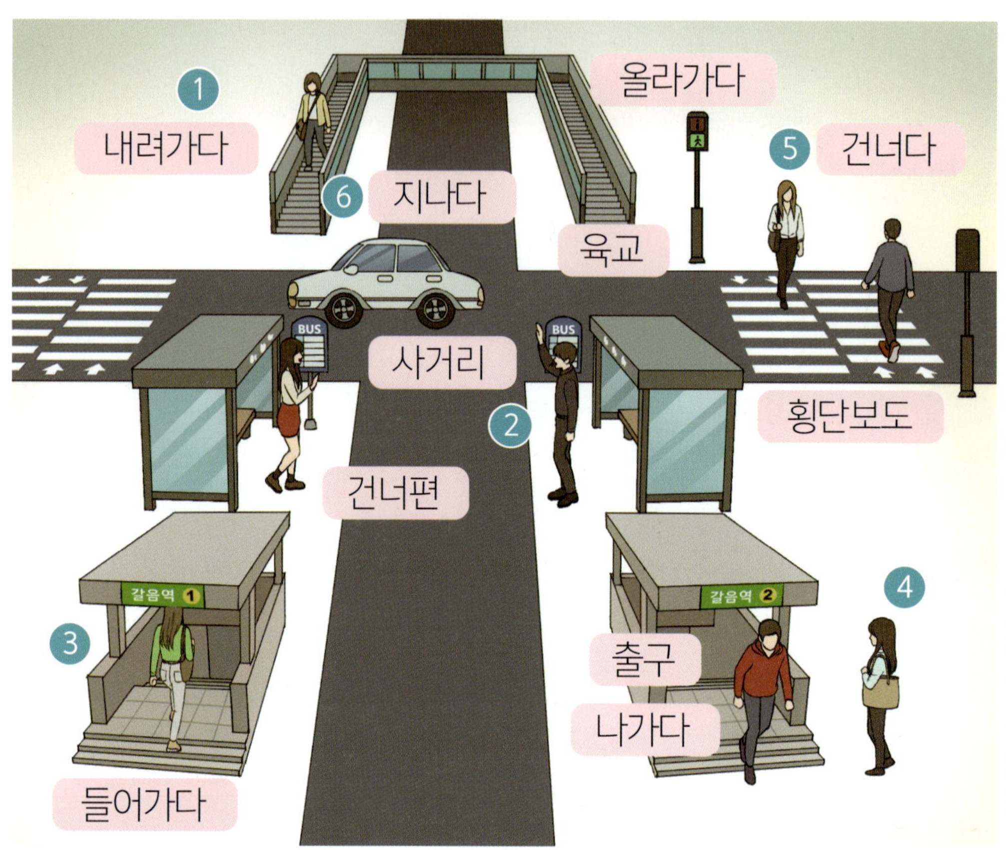

1) 육교를 내려가고 있어요.

2) 건너편에 있는 친구를 부르고 있어요.

3) 지금 들어가고 있어요.

4) 2번 출구 앞에서 기다리고 있어요.

5) 횡단보도를 건너고 있어요.

6) 사거리를 지나고 있어요.

2. 방향 어휘입니다. 다음과 같이 이야기해 봅시다.

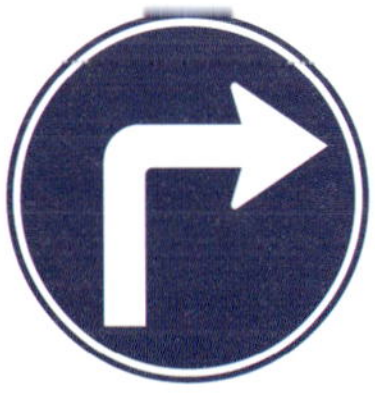

우회전	좌회전	직진	유턴

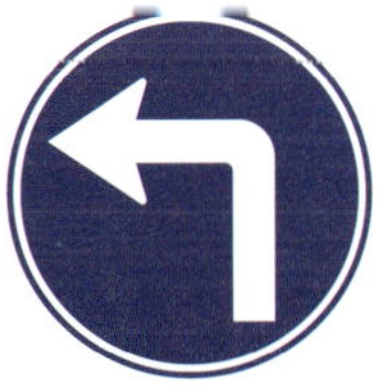

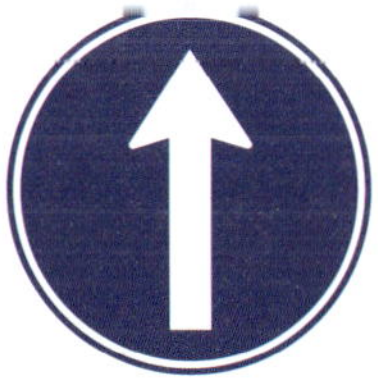

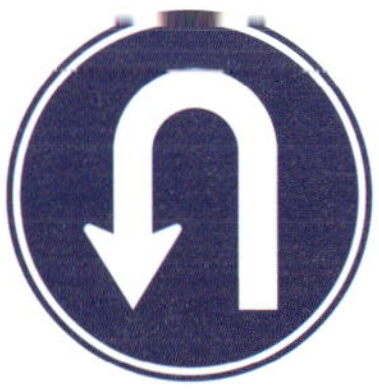

1) 우회전해서 시청 앞에서 세우다

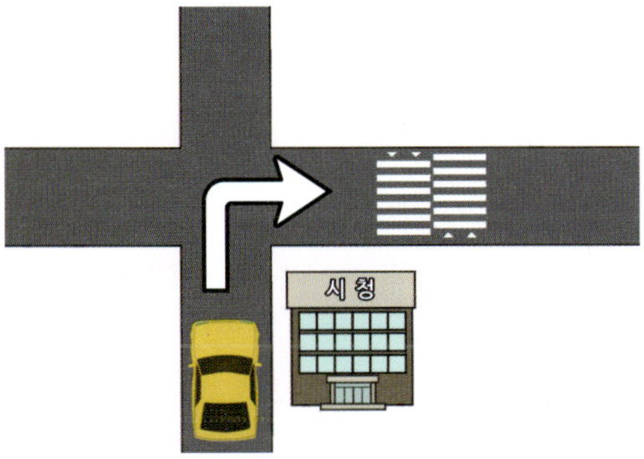

2) 좌회전해서 대사관 앞에서 세우다

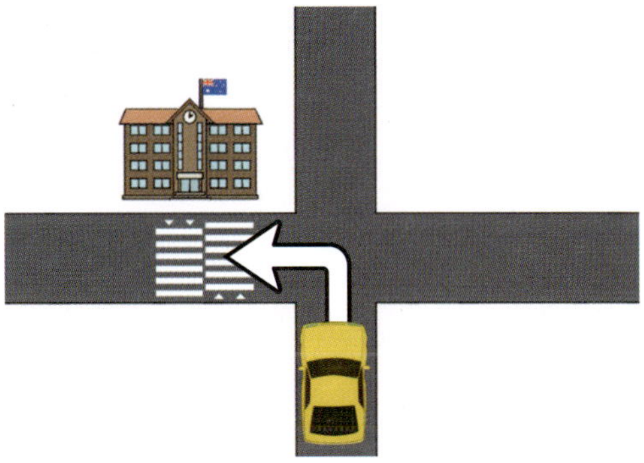

3) 직진해서 학교 앞에서 세우다

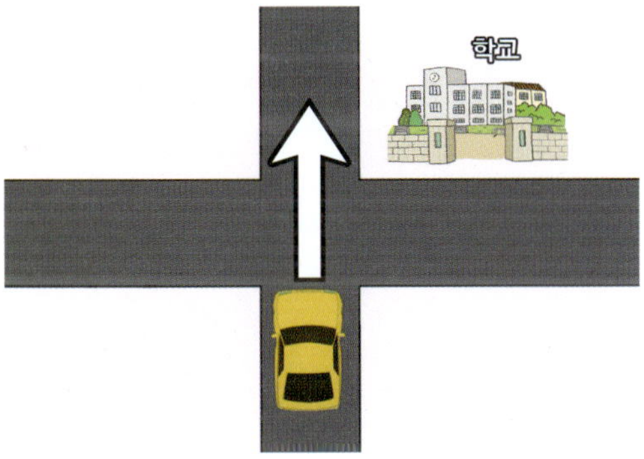

4) 유턴해서 빵집 앞에서 세우다

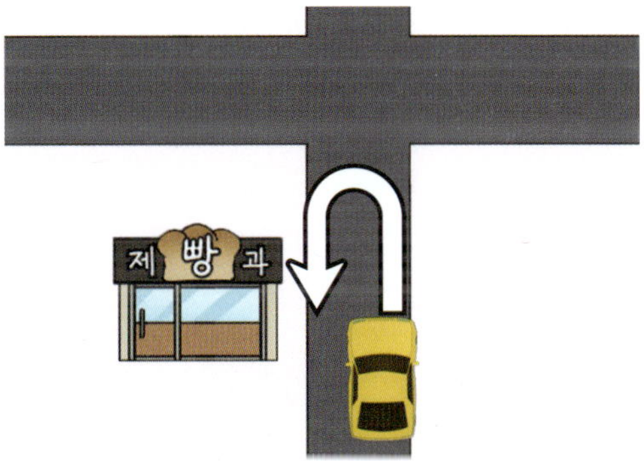

문법과 표현1 [명]으로/로[2]

A: 손님, 어디로 갈까요?

B: **서울역으로** 가 주세요.

- 701번 버스는 학교 **앞으로** 지나갑니다.
- 저는 **브라질로** 여행을 가고 싶어요.
- 쉬는 시간이 끝났으니까 **교실로** 들어오세요.

연습1 다음과 같이 말해 봅시다.

A: 우체국이 어디에 있어요?

B: **오른쪽으로** 가세요.

우체국 | 오른쪽 / 가다

연습2 알맞은 말을 쓰고 이야기해 봅시다.

1) A: 여름휴가는 어디로 가요?

B: ______________________ 갈 거예요.

2) A: 이 버스가 천안역으로 가요?

B: 아니요, ________________ 안 가요.

건너편에서 버스를 타세요.

3) A: 내일 체육 대회는 어디에서 해요?

B: 아침 9시까지 ______________ 오세요.

4) A: 화장실은 어디로 가야 해요?

B: __________________________.

연습3 다음과 같이 이야기해 봅시다.

문법과 표현2 [동],[형](으)면

A: 지금 명동역인데 호텔까지 어떻게 가요?

B: 3번 출구로 **나오시면** 바로 호텔이 보입니다.

- 내일 날씨가 **좋으면** 캠핑하러 갈까요?
- 옷이 너무 **크면** 내일 교환하러 갑시다.
- 매운 음식을 **좋아하지 않으면** 삼계탕을 드세요.
- 너무 **힘들면** 일찍 들어가서 쉬세요.
- **외국인이면** 누구나 신청이 가능합니다.

연습1 맞게 연결하고 말해 봅시다.

1) 길을 못 찾다 •	• 입어 보세요.
2) 배가 고프다 •	• 같이 식당에 갈까요?
3) 열심히 공부하다 •	• 전화하세요.
4) 마음에 들다 •	• 축구를 하고 싶어요.
5) 다리가 낫다 •	• 합격할 수 있어요.

길을 못 **찾으면** 전화하세요.

연습2 알맞은 말을 쓰고 이야기해 봅시다.

1) A: 주말에 뭐 할 거예요?

B: ____________ 집에서 쉬고, ______________ 등산을 갈 거예요.

2) A: 경복궁까지 뭘 타고 갈 거예요?

B: 길이 __________ 지하철을 타고, __________ 버스를 타고 갈 거예요.

3) A: 친구를 만나서 뭐 해요?

B: ____________ 쇼핑을 하고, ______________ 공원에서 이야기해요.

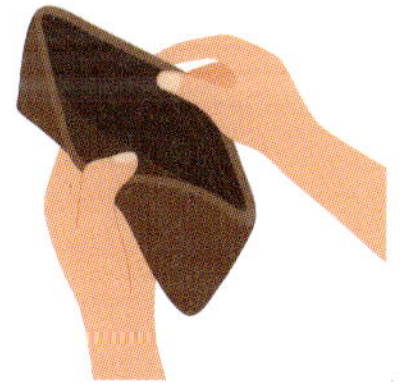

4) A: 커피숍에서 보통 뭘 마셔요?

B: 날씨가 _______ 따뜻한 차를 마시고, ________ 아이스커피를 마셔요.

연습3 질문에 답해 봅시다.

1) 돈이 많으면 뭐 하고 싶어요?

____

2) 시간이 있으면 뭘 할 거예요?

____

3) 친구가 약속 시간에 오지 않으면 어떻게 할 거예요?

____

4) 감기에 걸리면 어떻게 해야 해요?

____

5) 길에서 돈을 주우면 어떻게 할 거예요?

____

듣기

1. 한국에서 택시를 타 봤습니까?

2. 듣고 질문에 답해 보십시오. 6-1

1) 여자는 어디에서 내립니까?

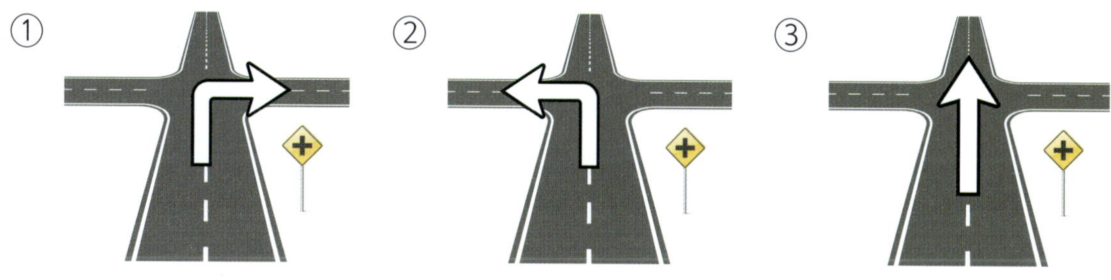

2) 듣고 맞으면 O, 틀리면 X표를 하십시오.

① 택시비는 8,900원이에요. (O, X)

② 여자는 시청에 갈 거예요. (O, X)

③ 글로벌대학교 쪽은 항상 차가 밀려요. (O, X)

말하기

6-2

아만다: 실례합니다. 길 좀 물어볼게요. 이 근처에 **은행**이 있어요?

아저씨: 네, 여기서 멀지 않아요. 걸어서 10분쯤 걸려요.

아만다: 그래요? 어떻게 가야 해요?

아저씨: 이쪽 횡단보도를 건너서 왼쪽으로 가세요. 그러면 사거리가 있을 거예요.

아만다: 아, 사거리에 **은행**이 있어요?

아저씨: 아니요, 거기에서 오른쪽으로 쭉 가면 편의점이 있는데 그 건물 2층에 있어요.

아만다: 그래요? 알겠습니다. 감사합니다.

1. 대답해 봅시다.

1) 여기서 은행까지 얼마나 걸립니까?

2) 은행은 어디에 있습니까?

2. 대화 내용을 바꿔서 이야기해 봅시다.

1) 은행	2) 시장	3) 우체국
멀지 않다	가까운 곳에 있다	얼마 안 걸리다
이쪽 횡단보도를 건너다 / 왼쪽으로 가다	육교를 건너다 / 오른쪽으로 가다	지하철역 2번 출구로 들어가다 / 1번 출구로 나가다
오른쪽 / 쭉 가다	왼쪽 / 30m(미터) 걸어가다	앞 / 3분쯤 가다

3. 그림을 보고 다음과 같이 이야기해 봅시다.

A: 실례합니다. 이 근처에 병원이 있습니까?

B: 병원이요? 빵집 앞에서 횡단보도를 건너서 오른쪽으로 가세요.
거기에서 육교를 건너면 병원이 있어요.

발음 확인

1. 실례합니다 [실례함니다]
2. 왼쪽으로 [왼쪼그로]
3. 있는데 [인는데]

문법과 표현3 [동](으)려고 하다

A: 혼자 한강 공원까지 갈 수 있어요?

B: 잘 몰라서 길 찾기 앱을 켜고 **찾아가려고 해요**.

- 도서관에서 책을 **읽으려고 해요**.
- 이번 주 금요일에 신입생 환영회를 **하려고 합니다**.
- 이따가 반 친구들과 만나서 공원에서 **놀려고 해요**.
- 밖에서 고기를 **구우려고 해요**.

연습1 알맞은 문장을 쓰고 읽어 봅시다.

은정은 택시를 **타려고 해요**.

1) 룰라는 ______________________.

2) 진호는 ______________________.

3) 

도밍고는 ______________________.

4) 오타벡은 ______________________.

연습2 다음과 같이 이야기해 봅시다.

부산	A: 이번 방학에 어디에 갈 거예요?
기차	B: 부산에 가려고 해요.
기차표를 사다	A: 기차를 타고 갈 거예요?
	B: 네, 그래서 이따가 기차표를 사려고 해요.

1) 제주도 / 비행기 / 비행기표를 알아보다

2) 대전 / 버스 / 버스표를 사다

3) 경주 / KTX / KTX표를 예매하다

연습3 알맞은 말을 쓰고 이야기해 봅시다.

1) A: 이번 요리 수업 시간에 무슨 음식을 만들 거예요?

   B: 비빔밥이랑 김밥을 ______________________.

2) A: 바빠서 운동을 못 하면 빠르게 걷기를 해 보세요.

   B: 네, 오늘부터 매일 30분씩 ______________________.

3) A: 대학에서 무엇을 전공하려고 해요?

   B: 디자인을 ______________________.

4) A: 오후에 나랑 같이 농구할래요?

   B: 미안해요. 내일 시험이 있어서 오늘은 ______________________.

5) A: 수업이 끝나고 뭐 할 거예요?

   B: 기침이 심해서 ______________________.

문법과 표현4 [명]마다

101번 버스

출발시간	
오전	10:00
오전	10:10
오전	10:20
오전	10:30

A: 101번 버스가 자주 와요?

B: 네, **10분마다** 와요.

- 저는 **아침마다** 커피를 마셔요.
- 올림픽은 **4년마다** 열립니다.
- **날마다** 한 시간씩 운동했어요.
- **나라마다** 언어와 문화가 다릅니다.

연습1 알맞은 말을 쓰고 읽어 봅시다.

1) MUSEUM 매주 월요일 쉽니다

박물관은 __월요일마다__ 문을 닫아요.

2) 

여기는 ____________ 청소를 합니다.

3) 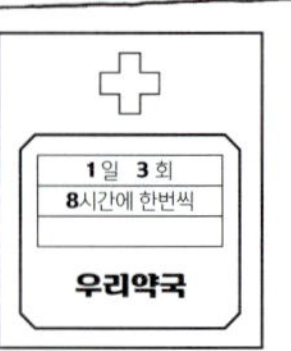

약은 ____________ 드세요.

4) 

한국은 ____________ 날씨가 달라요.

5) 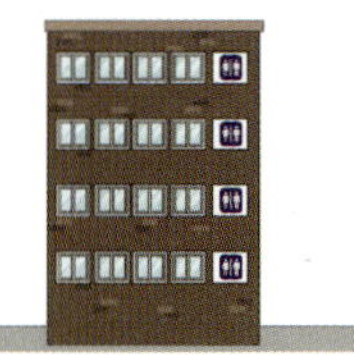

이 건물에는 ____________ 화장실이 있어요.

연습2 **알맞은 말을 쓰고 이야기해 봅시다.**

사람	교실	날	5분	쉬는 시간	일요일

1) A: 매일 예습과 복습을 해요?

B: 네, ____________________ 두 시간씩 해요.

2) A: 일요일에 같이 등산 갈래요?

B: 미안해요. 저는 ____________________ 교회에 가요.

3) A: 다음 버스는 오래 기다려야 해요?

B: 아니요, 퇴근 시간에는 ____________________ 오니까 곧 올 거예요.

4) A: 쉬는 시간에 보통 뭐 해요?

B: ____________________ 친구와 이야기해요.

5) A: 모든 교실에 텔레비전이 있어요?

B: 네, ____________________ 텔레비전이 있어요.

6) A: 사람들의 성격이 모두 똑같아요?

B: 아니요, ____________________.

듣고 말하기

1. 지하철을 타고 어디에 가 봤습니까?

2. 듣고 질문에 답해 보십시오. 6-3

1) 두 사람은 '조이월드'에 무엇을 타고 가려고 합니까?

2) 듣고 맞는 것을 고르십시오.

① 지하철 1호선은 잠실역까지 가요.

② 여자는 시청역에서 남자를 기다릴 거예요.

③ '조이월드'는 잠실역 1번 출구 앞에 있어요.

③ 남자는 토요일 오후에 여자를 만나려고 해요.

3. 다음과 같이 말해 봅시다.

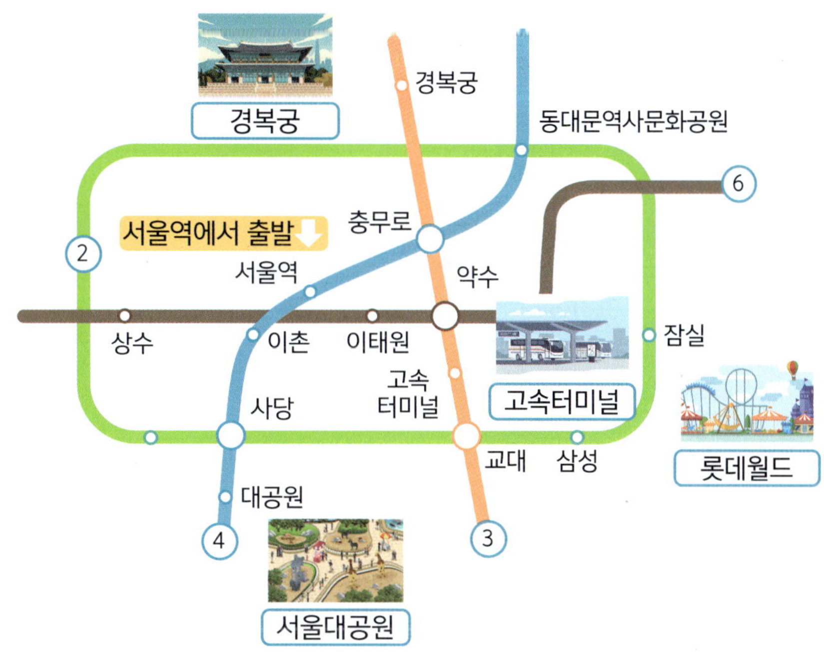

1) 

경복궁

2) 

서울대공원

3) 

고속버스터미널

4) 

롯데월드

저는 경복궁에 가려고 해요. 서울역에서 4호선을 타고 충무로역에서 3호선으로 갈아타요. 그리고 경복궁역에서 내려요.

읽고 말하기

1. 학교에서 터미널까지 어떻게 갑니까?

2. 읽고 질문에 대답해 보십시오.

ㅁ ー ×

제2회 가을 음악회에 초대합니다.

가을 음악회 초대장을 보냅니다. 시원한 날씨, 아름다운 가을밤에 인주 공원에서 음악회를 열려고 합니다. 공원 입구에서 이 초대장을 보여 주면 표를 받을 수 있습니다. 가까이에서 공연을 보고 싶은 분은 서두르세요!

교통수단

1) 고속버스

인주 고속버스 터미널에서 내리세요. 그리고 건너편 버스 정류장에서 12번 버스를 타고 인주 공원에서 내리세요. 버스는 20분마다 있습니다.

2) 자동차

인주 톨게이트로 나와서 시청 쪽으로 300m 직진하세요. 시청 사거리에서 우회전하면 인주 공원 입구가 있습니다. 주차는 3시간 무료입니다.

1) 가을 음악회는 어디에서 합니까?

2) 읽고 맞는 것을 고르십시오.

① 인주 공원 앞에서 표를 사야 해요.

② 주차장은 하루 종일 무료로 이용할 수 있어요.

③ 고속버스 터미널에서 내리면 공연장이 보여요.

④ 12번 버스를 타면 인주 공원으로 갈 수 있어요.

3. 다음과 같이 이야기해 봅시다.

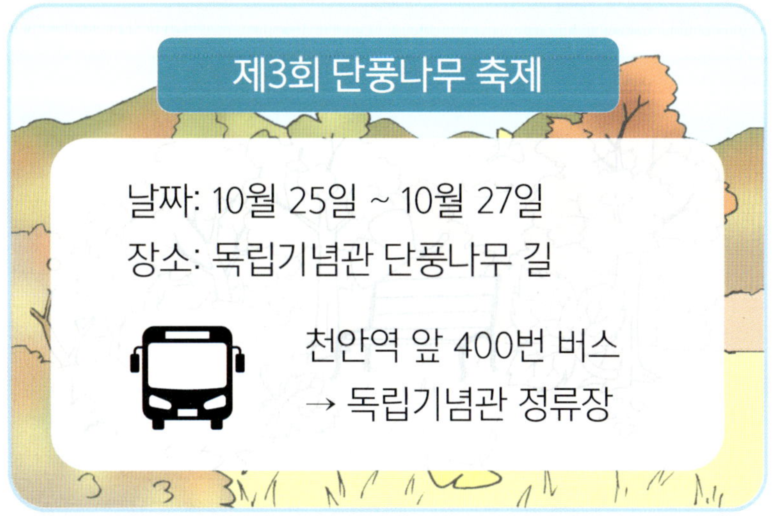

단풍나무 축제에 가고 싶은데 어떻게 가야 해요?

천안역 앞에서 400번 버스를 타고 독립기념관 정류장에서 내리면 바로 보여요.

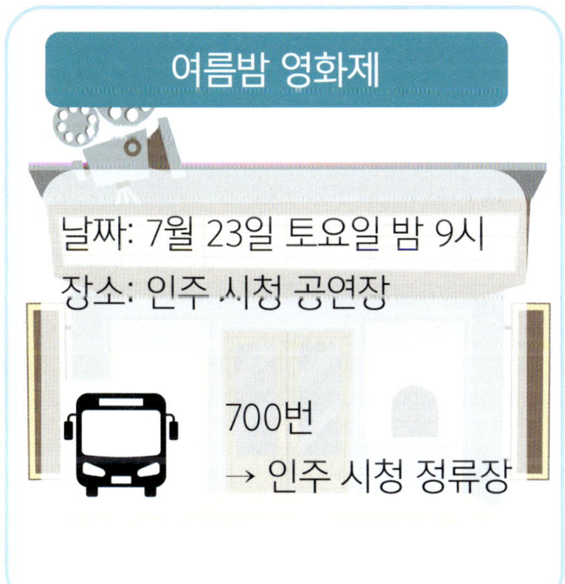

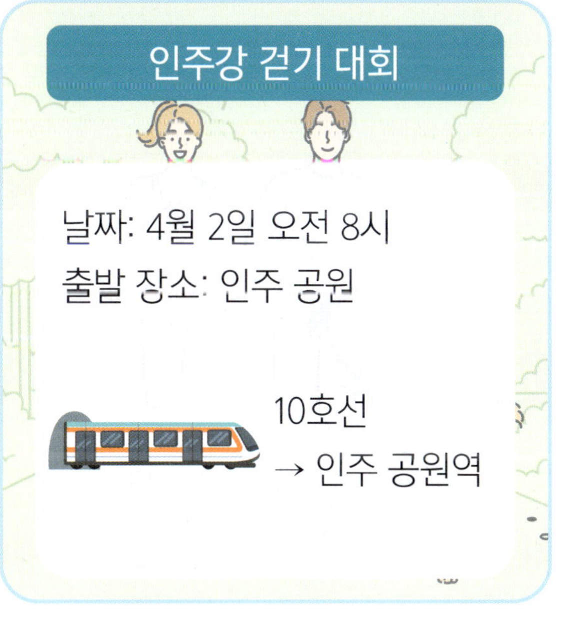

과제 활동

1. 친구와 이야기해 봅시다.

질문	나	친구 ( )
1) 점심에 뭐 먹으려고 해요?		
2) 무슨 운동을 배우려고 해요?		
3) 방학에 어디에 가려고 해요?		
4) 오늘 몇 시에 자려고 해요?		
5) 내일 무슨 옷을 입으려고 해요?		
6) 어떤 음악을 들으려고 해요?		
7) 어떤 영화를 보려고 해요?		
8) 어디에서 친구를 만나려고 해요?		
9) 무슨 음식을 만들려고 해요?		
10) 백화점에서 뭘 사려고 해요?		

2. 여러분 집에 어떻게 갑니까? 약도를 그리고 다음과 같이 설명해 봅시다.

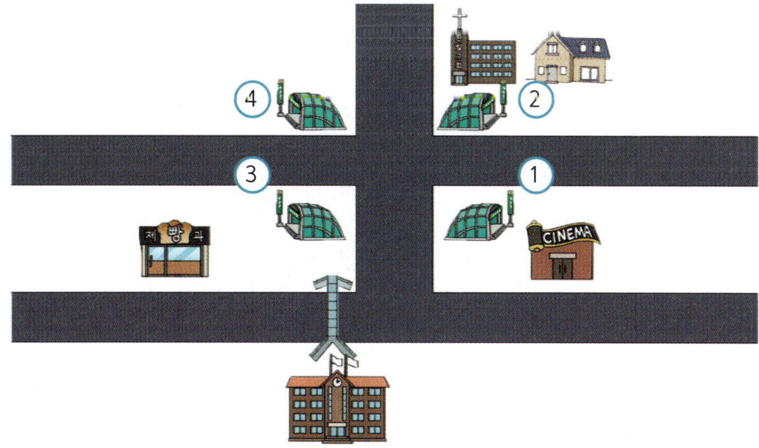

학교 앞에 있는 육교를 건너서 똑바로 가세요. 똑바로 5분쯤 가면 지하철역이 있어요. 지하철역 3번 출구로 내려가서 2번 출구로 올라가세요. 2번 출구로 나가서 앞으로 계속 걸어가면 교회가 있어요. 교회 옆에 있는 집이 우리 집이에요.

6과 어휘 목록

- 가까이
- 갈아타다
- 감사하다
- 거의
- 건너다
- 건너편
- 건물
- 검색하다
- 경복궁
- 고속버스
- 곧
- 공연장
- 나오다
- 낫다
- 내려가다
- 대전
- 들어가다
- 똑같다
- 똑바로
- 롯데월드
- 매주
- 모든
- 무료
- -M(미터)
- (차가) 밀리다
- 보이다
- (이름을) 부르다
- 빵집
- 사거리
- 서두르다
- 서울대공원
- 세우다
- 스트레스
- 시청
- 신청
- 실례
- -씩(한 개씩)
- 아이스커피
- 약도
- 언어
- 여름휴가
- (음악회를) 열다
- 영화제
- 예매하다
- 올림픽
- 요금
- 우회전
- 유턴
- 육교
- 음악회
- 입구
- 잠실
- 전공하다
- 제(2)회
- 종일
- 좌회전
- 주차장
- 지나다
- 지하
- 직진
- 쭉
- 체육대회
- 축제
- 출구
- 톨게이트
- 횡단보도

자기 평가

1. 다른 사람에게 길을 물어볼 수 있어요?
2. 수업이 끝난 후에 무엇을 하려고 해요?
3. 학교에 오려면 몇 번 버스를 타야 해요?

문화 읽기

00 버스는 언제 옵니까?

한국에는 버스 정류장에 안내 전광판이 있는데 버스가 도착하는 시간을 알려줍니다. 그리고 버스 안에 사람이 얼마나 많은지 적은지도 알려 줍니다. 도시에 따라 핸드폰 앱을 통해서 같은 정보를 확인할 수 있습니다.

7과 공공기관

태풍 때문에 하루 더 걸릴 거예요

학습 목표

1. 우체국에서 소포를 보낼 수 있다.
2. 은행에서 환전할 수 있다.

어휘

1. 우체국 관련 어휘
2. 은행 관련 어휘

문법과 표현

1. 때문에
2. -(으)ㄴ/는/(으)ㄹ
3. -에게서
4. -기 바라다

Seller
STANDARD FREIGHT
WED
TO:
Customer
PostMail
TRACKING #:
Free Shipping Parcel

ATM

어 휘

1. 우체국 관련 어휘입니다. 다음과 같이 이야기해 봅시다.

게시판

우체국

택배) 무게제한 30kg까지

① 번호표를 뽑다

② 소포를 포장하다

③ 테이프를 붙이다

④ 주소를 적다

⑤ 무게를 재다

⑥ 편지를 부치다

지금 무엇을 하고 있어요?

번호표를 뽑고 있어요.

2. 은행 관련 어휘입니다. 알맞은 말을 쓰고 읽어 봅시다.

입금하다	환전하다	사인하다
잔액을 조회하다	출금하다	송금하다
통장을 만들다	비밀번호를 누르다	

1) 사인해요.

2)

3)

4)

5)

6)

7)

8)

문법과 표현1 [명] 때문에

A: 어떻게 오셨어요?

B: **통장 때문에** 왔는데요. 지금 바로 만들 수 있어요?

- **태풍 때문에** 바람이 불고 비가 많이 와요.
- **감기 때문에** 열이 나고 콧물도 나요.
- **휴대 전화 때문에** 생활이 정말 편리해요.

연습1 맞게 연결하고 이야기해 봅시다.

1)	소포를 배로 보냈다	요금
2)	약속 시간에 늦었다	바이러스
3)	컴퓨터가 고장이 났다	게임
4)	공부 시간이 부족하다	교통사고
5)	아이가 공부를 안 하다	아르바이트

왜 소포를 배로 보냈어요?

요금 때문에 배로 보냈어요.

연습2 알맞은 말을 쓰고 이야기해 봅시다.

1) A: 왜 그래요? 무슨 걱정이 있어요?

B: 요즘 돈 때문에 걱정이에요. 월세를 내야 하는데 좀 부족해서요.

2) A: 왜 점심을 아직 못 먹었어요?

B: ____________________ 아직 못 먹었어요. 회의가 조금 전에 끝났어요.

3) A: 무엇 때문에 화가 났어요?

B: ______________ 화가 났어요. 친구가 약속을 잊어버려서요.

4) A: 어제 왜 결석했어요?

B: ______________ 결석했어요. 동생이 한국에 와서 공항에 갔어요.

5) A: 왜 아직 퇴근 안 했어요?

B: ____________________ 퇴근 못 했어요. 아직 일이 많이 남아서요.

연습3 보기와 같이 알맞은 것을 고르십시오.

<보기> 어제 날씨라서 / 날씨 때문에 산에 못 갔어요.

1) 내일은 토요일이라서 / 토요일 때문에 학교에 안 가요.

2) 어젯밤에 숙제라서 / 숙제 때문에 늦게 잤어요.

3) 지금은 회의 중이라서 / 회의 중 때문에 통화할 수 없어요.

4) 오늘 눈이라서 / 눈 때문에 길이 많이 막혀서 늦었어요.

문법과 표현2 [동](으)ㄴ/는/(으)ㄹ

A: 실례지만, 소포 포장은 어디에서 해요?

B: 소포를 **포장하는** 곳은 저쪽입니다.

- 지금 **만드는 음식**은 불고기예요.
- 통장에 **남은 잔액**을 조회해 봤어요.
- 어제 **본 영화**가 정말 재미있었어요.
- 아기가 **먹을 음식**이니까 맵지 않게 해 주세요.
- 제주도는 **구경할 곳**이 많아서 인기가 많아요.

연습1 다음과 같이 쓰고 읽어 봅시다.

찾다　풀다　읽다　듣다　굽다　마시다

1)	아까 __찾은__ 돈	지금 __찾는__ 돈	내일 __찾을__ 돈
2)	좀 전에 ______ 물	지금 ______ 물	이따가 ______ 물
3)	어제 ______ 책	지금 ______ 책	주말에 ______ 책
4)	지난주에 ______ 문제	지금 ______ 문제	내일 ______ 문제
5)	어젯밤에 ______ 음악	지금 ______ 음악	수업 후에 ______ 음악
6)	어제 ______ 삼겹살	지금 ______ 삼겹살	저녁에 ______ 삼겹살

연습2 **다음과 같이 이야기해 봅시다.**

1) 

A: 우체국은 무엇을 하는 곳이에요?
B: 편지를 보내는 곳이에요.

① 　② 　③ 

2) 

A: 선생님은 무엇을 하는 사람이에요?
B: 가르치는 사람이에요.

① 　② 　③ 

3) 

A: 뭐 하는 것을 좋아해요?
B: 음악 듣는 것을 좋아해요.

① 　② 　③ 

연습3 **다음 질문에 답을 써 봅시다.**

아버지

언니

남동생

오빠

1) 반바지를 입고 우산을 든 사람은 누구예요? → ____________.
2) 모자를 쓰고 운동화를 신은 사람은 누구예요? → ____________.
3) 선물과 꽃을 들고 안경을 쓴 사람은 누구예요? → ____________.
4) 양복을 입고 넥타이를 맨 사람은 누구예요? → ____________.

연습4 **다음과 같이 알맞은 말을 쓰고 이야기해 봅시다.**

1) A: 민호 씨, 좋아하는 색깔이 뭐예요?

B: 저는 파란색을 좋아해요.

2) A: 방학에 어디에 갈 거예요?

B: 부산에 ________________ 계획이에요.

3) A: 지금 농구하는 사람이 앤디 씨예요?

B: 아뇨, 저기서 테니스를 ____________________ 사람이 앤디 씨예요.

4) A: 오늘 학교에 늦게 __________________ 사람이 누구예요?

B: 다니엘 씨가 늦게 왔어요.

5) A: 오늘 오후에 뭐 할 거예요?

B: 부모님께 ____________________ 선물을 사러 백화점에 갈 거예요.

6) A: 작년 생일에 ______________________ 선물이 뭐예요?

B: 예쁜 꽃과 귀여운 가방을 받았어요.

7) A: 아까 도서관에서 ________________________ 책이 뭐예요?

B: 한국 역사책을 빌렸어요.

듣기

1. 한국에서 은행에 가 봤습니까?

2. 듣고 질문에 답해 보십시오. 7-1

1) 남자는 직원에게 무엇을 주지 않았습니까?

① 

② 

③ 

2) 남자는 무엇을 하러 왔습니까?

① 신분증을 만들러

② 한국 돈을 찾으러

③ 외국인등록증을 받으러

④ 달러를 한국 돈으로 바꾸러

말하기

7-2

직 원: 어서 오세요. 어떻게 오셨어요?

민 호: 이 소포를 제주도로 부치려고 하는데요.

직 원: 상자를 저울 위에 올려 주세요. 그런데 받는 사람 이름을 안 쓰셨네요. 여기에 좀 써 주세요.

민 호: 네, 알겠습니다. 그런데 얼마예요?

직 원: 지금 무게를 재고 있어요. 만 오천 원이에요.

민 호: 오늘 보내면 언제쯤 도착해요?

직 원: 보통 이틀쯤 걸리는데요. 이번에는 태풍 때문에 좀 더 걸릴 거예요.

민 호: 네, 알겠습니다. 요금은 카드로 계산할게요.

1. 대답해 봅시다.

1) 민호는 우체국에 왜 갔습니까?

2) 소포 요금은 얼마입니까?

2. 대화 내용을 바꿔서 이야기해 봅시다.

1) 부치려고 하다 받다 / 사람 이름 태풍	2) 부치러 왔다 보내다 / 사람 연락처 눈	3) 보내려고 하다 부치다 / 사람 주소 안개

3. 다음과 같이 이야기해 봅시다.

	비행기			배		
나라	일본	미국	브라질	일본	미국	브라질
요금(2kg)	21,000	37,000	40,000	15,500	18,500	20,000
기간	7일	8일	9일	3주	6주	8주

A: 이 소포를 **일본**으로 보내러 왔는데요.
B: 배로 보내실 거예요? 비행기로 보내실 거예요?
A: **비행기**로 보내면 얼마예요?
B: **21,000원**이고 **일주일쯤** 걸려요.
A: 그래요? 그럼, **비행기**로 보내 주세요.

발음 확인

1. 어떻게 오셨어요 [어떠케오셔써요]
2. 알겠습니다 [알겓씀니다]
3. 도착해요 [도차캐요]

문법과 표현3 [명]에게서

A: 그게 뭐예요?

B: 고향 **친구에게서** 받은 소포와 편지예요.

- 아까 **형에게서** 연락을 받았어요.
- **오빠에게서** 문자메시지가 왔어요.

> [명]에게서 = [명]한테서
>
> • 언니에게서 선물을 받았어요. = 언니한테서 선물을 받았어요.
>
> [명]께로부터
>
> • 선생님께로부터 전화를 받았어요.

연습1 다음과 같이 이야기해 봅시다.

1)

편지가 오다

2) 선생님

칭찬을 듣다

3) 남자친구

선물을 받다

4)

상장을 받다

5)

꽃을 받다

6)

전화가 오다

왜 기분이 좋아요?

동생한테서 편지가 와서요.

연습2 알맞은 말을 쓰고 이야기해 봅시다.

1) 형

A: 우리 학교를 어떻게 알았어요?

B: 작년에 ______________ 들었어요.

2) 선배 수지

A: 수지 씨, 장구를 칠 줄 알아요?

B: 네, 동아리 ______________ 배웠어요.

3)

A: 왜 기분이 안 좋아요?

B: 숙제 때문에 ______________ 야단을 좀 맞아서요.

4)

A: 지우개 있어요?

B: 아뇨, 저도 없어서 아까 __________ 빌렸어요.

5)

A: 미나 씨, 무슨 좋은 일이 있어요?

B: 네, __________ 용돈을 받아서 기분이 좋아요.

연습3 다음 글을 읽고 알맞은 것을 고르십시오.

우리 가족은 크리스마스에 선물을 주고받습니다. 그런데 이번 크리스마스에는 만날 수 없어서 서로 소포로 주고받았습니다. 나는 어머니 (에게 / 께 / 한테서) 화장품을 드리고 아버지 (께로부터 / 께 / 한테) 는 넥타이를 선물했습니다. 그리고 언니 (에게서 / 에게 / 께) 는 귀걸이를 보냈습니다.

나는 어머니 (에게 / 께로부터 / 한테서) 원피스를 받았고 아버지께로부터는 책 선물을 받았습니다. 그리고 언니 (한테서 / 께 / 에게) 는 가방을 받았습니다.

문법과 표현4 [동]기 바라다

사용하신 테이프는 제자리에 **놓으시기 바랍니다**.

- 오래오래 건강하게 **사시기 바랄게요**.
- 번호표를 뽑고 기다려 **주시기 바랍니다**.

연습1 다음과 같이 말해 봅시다.

1) 

<손님에게>

- 여기에 사인해 주시다
- 비밀번호를 눌러 주시다

2) 
<여행 가는 사람에게>

- 안전한 여행을 하다
- 즐거운 시간을 보내다

3) 

<졸업생에게>

- 꿈이 이루어지다
- 좋은 회사에 취직하다

여기에 사인해 **주시기 바랍니다**.

연습2 맞게 연결하고 읽어 봅시다.

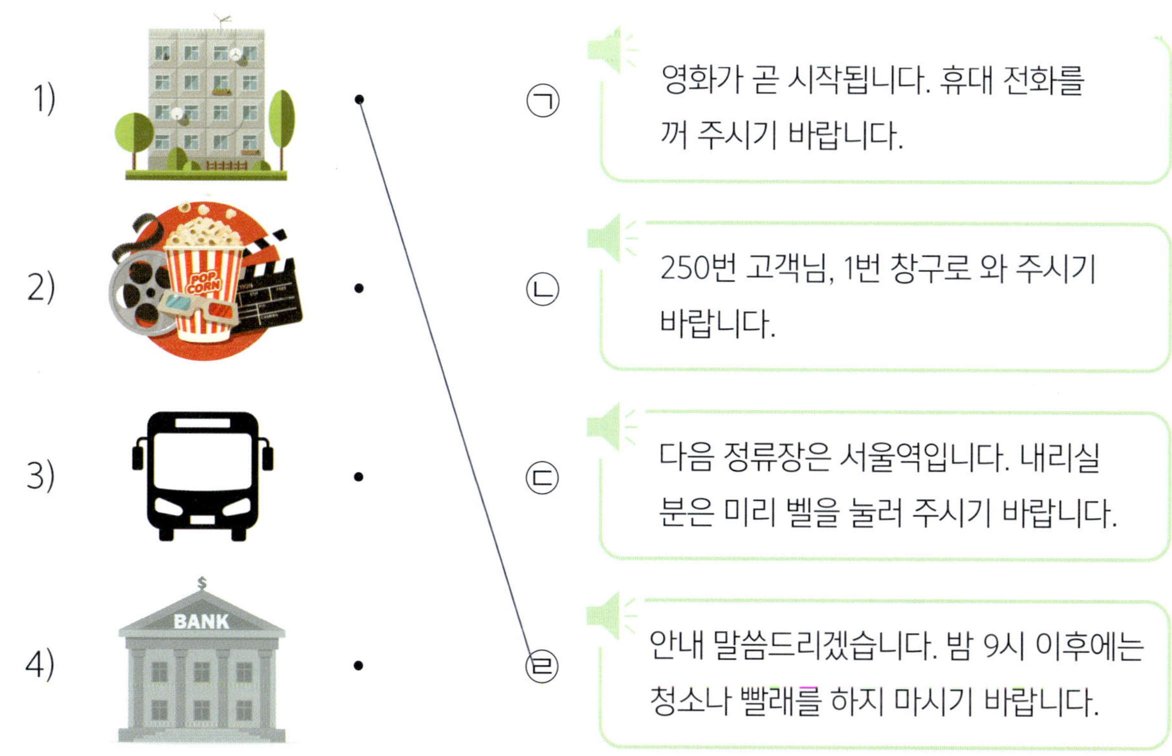

연습3 알맞은 말을 쓰고 이야기해 봅시다.

낫다	생기다	합격하다	신청하다

1) A: 이번 주 금요일에 면접시험을 보는데 너무 걱정돼.
   B: 너무 걱정하지 마. 잘할 수 있을 거야. 꼭 ______________________.

2) A: 요즘 할아버지께서 많이 편찮으셔서 걱정이에요.
   B: 많이 아프세요? 하루 빨리 ______________________.

3) A: 토픽 시험은 언제까지 신청해야 합니까?
   B: 이번 주 금요일까지입니다. 늦지 않게 ______________________.

4) A: 선생님, 새해 복 많이 받으세요.
   B: 네, 제니 씨도 새해 복 많이 받고 좋은 일이 많이 ______________________.

듣고 말하기

1. 우체국에 무엇을 하러 갑니까?

2. 듣고 질문에 답해 보십시오. 7-3

1) 남자는 오늘 어디에 갔습니까?

2) 남자가 가족에게 보낸 선물로 맞는 것을 연결하십시오.

①   •

㉠

㉡

②  •

㉢

③  •

㉣

3) 잘 듣고 맞는 것을 고르십시오.

① 소포를 배로 보내면 요금이 비싸요.

② 우체국에서 소포를 포장할 수 있어요.

③ 남자는 그제 부모님께 소포를 보냈어요.

④ 남자의 동생은 초등학교에 다니고 있어요.

3. 이야기를 해 봅시다.

질문	나	친구 (　　　)
1) 누구한테서 소포를 받고 싶습니까?		
2) 무엇을 받고 싶습니까?		
3) 누구한테 소포를 보내고 싶습니까?		
4) 무엇을 보내고 싶습니까?		

읽고 쓰기

1. 학교에 어떤 안내문이 있습니까?

2. 읽고 질문에 대답해 보십시오.

가

< 도서관 엘리베이터 공사 안내 >

항상 저희 천안시 도서관을 이용해 주시는 여러분께 감사드립니다. 2월 15일부터 21일까지 도서관 엘리베이터 공사를 하려고 합니다. 공사 기간 중에도 도서관 문을 엽니다. 하지만 엘리베이터를 이용할 수 없으니 계단을 이용해 주시기 바랍니다. 그리고 공사 때문에 시끄러울 수 있습니다. 이해해 주시기 바랍니다.

나

< 한국 문화에 관심 있는 외국인을 초대합니다. >

시청에서 열리는 한국 문화 체험 프로그램에 외국인 여러분들을 초대하려고 합니다. 4월부터 5월까지 토요일마다 다양한 문화를 체험할 수 있습니다. 관심이 있는 분은 시청 홈페이지에서 신청해 주시기 바랍니다. 신청은 3월 말까지 가능하고 체험 비용은 없습니다. 궁금하신 것이 있으면 아래 연락처로 전화해 주시기 바랍니다.

☎ 041-123-9521

1) 가를 읽고 맞으면 O, 틀리면 X표를 하십시오.

① 공사는 이 월 이십일 일에 끝날 거예요. (O, X)

② 공사 기간에는 도서관을 이용할 수 없어요. (O, X)

③ 천안시 도서관에서 계단을 공사하고 있어요. (O, X)

2) 나를 읽고 맞는 것을 고르십시오.

① 신청은 전화로 해야 해요.

② 삼 월부터 문화 체험을 할 수 있어요.

③ 이 프로그램은 누구나 참여할 수 있어요.

④ 이 체험 프로그램은 돈을 내지 않아도 돼요.

3. 위 글을 참고하여 빈칸에 알맞은 말을 써 봅시다.

가

< 박물관 화장실 공사 안내 >

항상 저희 박물관을 이용해 주시는 여러분께 감사드립니다. 10월 1일부터 8일까지 박물관 1층 (   )를 하려고 합니다.

공사 기간 중에는 1층 (   ) 없으니 2층 화장실을 (   ). 그리고 공사 때문에 시끄러울 수 있습니다. 이해해 주시기 바랍니다.

나

< 한국 역사에 관심이 있는 외국인을 초대합니다. >

시청에서 열리는 한국 (   )에 외국인 여러분들을 초대하려고 합니다. 4일부터 5일까지 (   ) 한국의 역사를 배울 수 있습니다. 관심이 있는 분은 (   ) 신청해 주시기 바랍니다. 신청은 3월 말까지 가능하고 체험 비용은 (   ). 궁금하신 것이 있으면 아래 연락처로 전화해 주시기 바랍니다.

☎ 041-123-9521

과제 활동

1. 이 사람은 누구일까요? 우리 반의 친구들을 설명하고 맞혀 봅시다.

하얀색 운동화를 신고 까만색 바지를 입은 친구는 누구예요?

아까 쉬는 시간에 커피를 마신 친구는 누구예요?

다음 학기에 고향에 돌아갈 친구는 누구예요?

2. 친구와 선생님께 바라는 말을 쓰고 말해 봅시다.

1)

친구에게

- 시험에 꼭 합격하기 바랄게.
- ______________________
- ______________________

2)

선생님께

- 행복하게 지내시기 바랍니다.
- ______________________
- ______________________

3)

병원에 입원한 친구에게

- 빨리 낫기 바랄게.
- ______________________
- ______________________

7과 어휘 목록

- 결석하다
- 곳
- 관심
- 금액
- 누르다
- 다양하다
- 달러
- (기간)말
- (야단을)맞다
- 무게
- 바로
- 바이러스
- 번호표
- 벨
- (시간을)보내다
- 복
- (편지를)부치다
- 붙이다
- 비밀번호
- 비용
- 뽑다
- 사인하다
- 사진사
- 상자
- 상장
- 새해
- (일이)생기다
- 송금하다
- 시작되다
- 신분증
- 안개
- 안내문
- 안전하다
- 야단
- 어젯밤
- (행사가)열리다
- 오래오래
- (저울 위에)올리다
- 용돈
- 월세
- 이루어지다
- 이틀
- 이후
- 일주일
- 입금하다
- 입원하다
- 잔액
- (무게를)재다
- 저울
- (주소를)적다
- 제자리
- 조회하다
- 직원
- 참여하다
- 창구
- 체험
- 초등학교
- 출금하다
- 칭찬
- 테이프
- 통장
- 프로그램
- 홈페이지
- 환전하다
- 화가 나다

자기 평가

1. 누구에게서 편지나 소포를 받고 싶습니까?

2. 작년 생일에 받은 선물은 무엇입니까?

3. 요즘 무엇 때문에 스트레스를 받습니까?

문화 읽기

여러분 나라의 우체국 마크에는 어떤 의미가 있습니까?

한국 우체국의 마크는 빨간색 새 모양인데 이 새는 제비라는 새입니다. 제비는 옛날부터 한국 사람들에게 친숙한 새이고 소식을 전하는 이미지도 있습니다. 또한 제비는 날렵하고 빠르게 날기 때문에 우체국 마크로 사용되고 있습니다.

8과 안부

대학 생활에 많이 익숙해졌어요

학습 목표

1. 안부를 묻고 대답할 수 있다.
2. 편지로 마음을 표현할 수 있다.

어휘

1. 안부 관련 어휘
2. 생활 관련 어휘

문법과 표현

1. -아/어지다
2. -게 되다
3. -(으)ㄴ 지
3. -았/었으면 좋겠다

어 휘

1. 안부 관련 어휘입니다. 읽어 봅시다.

에리카 씨, 오랜만이에요.
방학 잘 보냈어요?

오랜만이다

은정 씨, 잘 지냈어요?
요즘 어떻게 지내요?

잘 지내다

부모님이 보고 싶어요.
요즘 가족이 너무 그리워요.

그립다

요즘 리우청 씨에게 연락을 못 했어요.
리우청 씨에게 제 안부 좀 전해 주세요.

안부를 전하다

민호 씨가 다음 달에 결혼을 해요.
에리카 씨에게서 소식을 들었어요.

소식을 듣다

2. 유학 생활 어휘입니다. 읽어 봅시다.

유학을 오다

문화가 낯설다

사이가 어색하다

친구를 사귀다

친구와 친하다

생활에 익숙하다

1) 한국에 유학을 왔어요.
2) 처음에 한국 문화가 낯설었어요.
3) 친구와 사이가 어색했어요.
4) 새로운 친구를 사귀었어요.
5) 이제는 친구와 친해요.
6) 지금은 유학 생활에 익숙해졌어요.

문법과 표현1 [형]아/어지다

A: 아직도 방 친구와 사이가 어색해요?

B: 아니요, 요즘은 많이 **친해졌어요**.

- 이 식당은 메뉴가 바뀐 후부터 손님이 **많아졌어요**.
- 이사를 가서 집에서 학교까지 더 **멀어졌어요**.
- 앞으로 날씨가 점점 더 **더워질 거예요**.

연습1 알맞은 문장을 쓰고 읽어 봅시다.

1) 

① 언니가 날씬해졌어요.
② 언니가 뚱뚱해졌어요.

2) 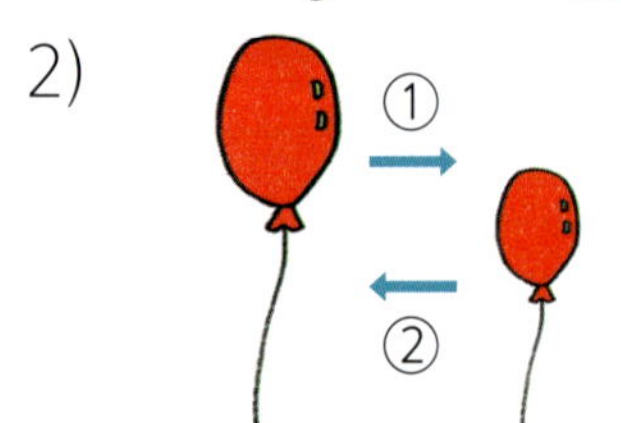

① 풍선이 ______________________.
② ______________________.

3) 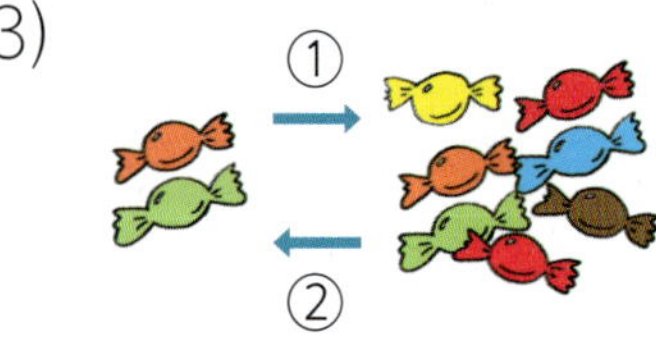

① 사탕이 ______________________.
② ______________________.

4) 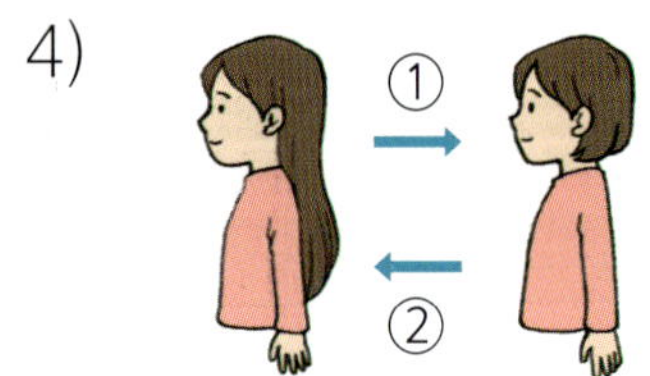

① 머리가 ______________________.
② ______________________.

5) 

① 날씨가 ______________________.
② ______________________.

연습2 알맞은 말을 쓰고 이야기해 봅시다.

1) A: 눈이 왜 이렇게 빨개요?
B: 어제 잠을 못 자서 <u>빨개졌어요</u>.

2) A: 옷이 더러워요?
B: 아니요, 아까 세탁해서 ___________.

3) A: 채소 값이 어때요?
B: 작년보다 많이 __________________.

4) A: 가방이 어디에 있어요?
B: 아까 의자 위에 있었는데 _________.

5) A: 오늘 기온이 30도예요.
B: 네, 어제보다 날씨가 _____________.

연습3 다음과 같이 이야기해 봅시다.

너무 덥다	A: 너무 더워요.
에어컨을 켜다 / 시원하다	B: 에어컨을 켜면 시원해질 거예요.

1) 건강이 안 좋다
매일 운동하다 / 건강하다

2) 성적이 안 좋다
열심히 공부하다 / 성적이 좋다

3) 기숙사 생활이 불편하다
시간이 지나다 / 괜찮다

4) 매일 게임을 3시간씩 하고 있다
너무 많이 하다 / 눈이 나쁘다

문법과 표현2 [동]게 되다

A: 은정아, 그 소식을 누구한테서 들었어?

B: 어제 소피아가 말해 줘서 **알게 됐어**.

- 친구가 선물해 줘서 이 책을 **읽게 됐어요**.
- 건강 때문에 운동을 **시작하게 되었습니다**.
- 급한 일이 생겨서 약속을 지키지 **못하게 되었어요**.

연습1 **다음과 같이 이야기해 봅시다.**

1) 여자 친구를 만나다 / 친구가 소개해 주다

2) 한국에서 살다 / 한국 사람과 결혼하다

3) 한국 요리를 배우다 / 한국 음식에 관심이 많다

4) 한국말을 잘하다 / 어학원에서 열심히 공부하다

어떻게 여자 친구를 **만나게 됐어요**?

친구가 소개해 줘서 여자 친구를 **만나게 되었어요**.

연습2 **알맞은 말을 쓰고 이야기해 봅시다.**

1) A: 어떻게 우리 학교에 왔어요?

B: 고향 친구가 소개해 줘서 오게 되었어요.

2) A: 왜 맛나 식당이 문을 닫았어요?

B: 손님이 너무 없어서 ______________________.

3) A: 남자 친구랑 왜 헤어졌어?

B: 성격이 안 맞아서 ______________________.

4) A: 왜 부산으로 이사를 가요?

B: 직장 때문에 ______________________.

5) A: 드라마를 자주 봐요?

B: 네, 너무 재미있어서 계속 ______________________.

6) A: 어제 밤을 새웠어요?

B: 네, 오늘까지 보고서를 내야 해서 ______________________.

연습3 **질문에 답해 봅시다.**

1) 좋아하는 사람이 있어요?
왜 그 사람을 좋아하게 됐어요?

2) 예전에는 못 먹었지만
먹을 수 있게 된 음식이 있어요?

3) 1년 전에는 못했지만
요즘 잘하게 된 것이 있어요?

4) 어떻게 하면 한국어를
잘하게 될까요?

5)

듣기

1. 부모님과 얼마나 자주 연락을 합니까?

2. 듣고 질문에 답해 보십시오. 8-1

1) 여자는 남자에게 왜 연락을 했습니까?

2) 듣고 맞는 것을 고르십시오.

① 남자는 천안으로 출장을 갈 거예요.

② 남자는 금요일 오후에 수업이 있어요.

③ 여자는 남자를 만나러 서울에 갈 거예요.

④ 여자는 이제 회사 사람들과 가까워졌어요.

말하기

8-2

아만다: 다니엘 씨, 오랜만이에요.

다니엘: 네, 오랜만이에요. 그동안 잘 지냈어요?

아만다: 네, 잘 지냈어요. 저는 이번에 대학원에 입학하게 되었어요.

다니엘: 와, 잘됐네요. 축하해요.

아만다: 다니엘 씨는요? **대학 생활**은 좀 어때요?

다니엘: 처음에는 모든 게 낯설어서 힘들었지만 이제는 대학 생활에 익숙해졌어요. 그리고 한국 친구도 사귀게 됐어요.

아만다: 잘 지내고 있어서 정말 다행이네요.

1. 대답해 봅시다.

1) 아만다는 어디에 다니게 되었습니까?

2) 다니엘의 요즘 대학 생활은 어떻습니까?

2. 대화 내용을 바꿔서 이야기해 봅시다.

1) 대학 생활	2) 어학원 생활	3) 회사 생활
대학원에 입학하다	미국으로 유학을 가다	회사에 취직하다
대학 생활에 익숙하다	어학원 생활이 즐겁다	회사 생활이 편하다
한국 친구도 사귀다	봉사 활동도 하다	이번에 승진도 하다

3. 다음과 같이 이야기해 봅시다.

A: 오래만이에요. 그동안 잘 지냈어요?
B: 네, 잘 지냈어요. OO 씨도 별일 없죠?
A: 전 내년에 미국으로 유학을 가게 됐어요.
B: 아, 그래요? 정말 잘됐네요.

유학

졸업

입학

결혼

취직

?

발음 확인

1. 오랜만이에요 [오랜마니에요]
2. 낯설어서 [낟써러서]
3. 익숙해졌어요 [익쑤캐져써요]

문법과 표현3 [동](으)ㄴ 지

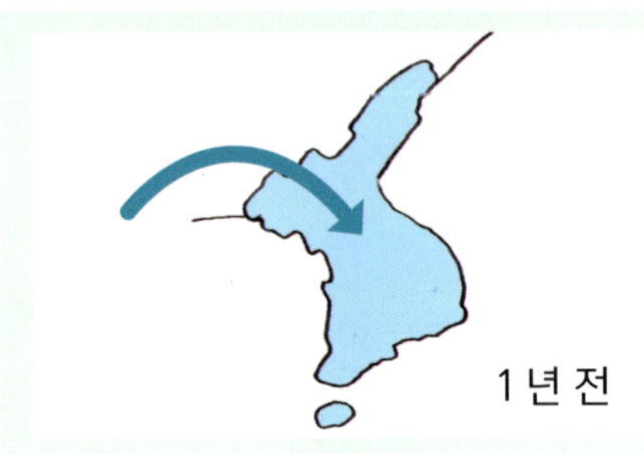

A: 한국에 유학을 **온 지** 얼마나 되었어요?

B: 한국에 유학을 **온 지** 1년이 되었어요.

- 감기약을 **먹은 지** 한 시간이 지났어요.
- 부모님께서 **결혼하신 지** 20년이 되었어요.
- 방 청소를 **안 한 지** 오래돼서 너무 지저분해요.

연습1 다음과 같이 쓰고 읽어 봅시다.

1)
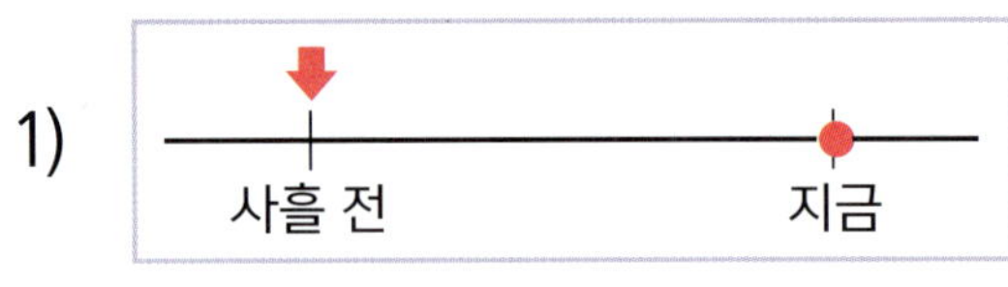

부모님과 통화하다

부모님과 **통화한 지** 사흘이 되었어요.

2)

머리를 자르다

3)
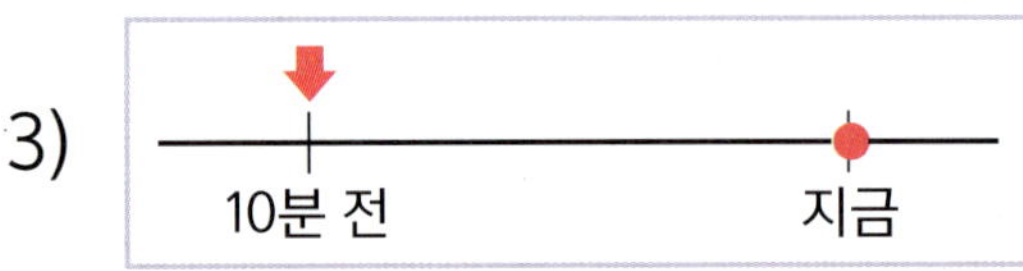

번호표를 뽑다

4)
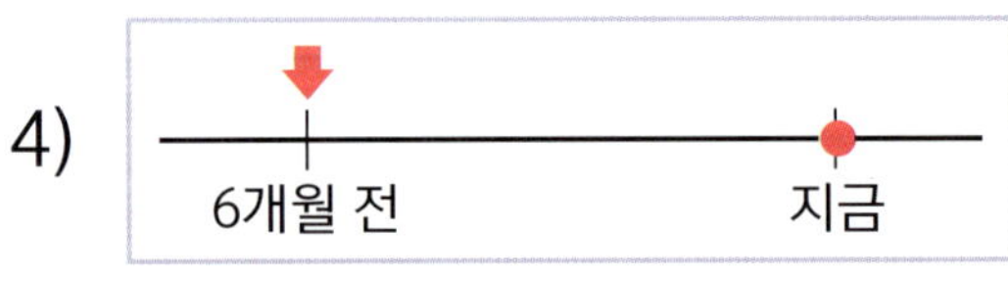

취직을 하다

5)
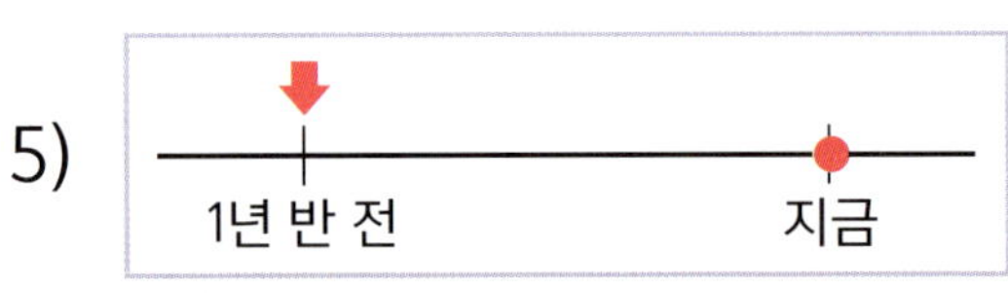

고향 음식을 안 먹다

연습2 다음과 같이 이야기해 봅시다.

버스를 기다리다 / 30분

A: 언제부터 버스를 기다렸어요?

B: 버스를 기다린 지 30분이 됐어요.

1) 춤을 배우다 / 한 달
2) 깁스를 하다 / 4개월
3) 기숙사에서 살다 / 보름
4) 남자 친구와 사귀다 / 하루
5) 그 가수를 좋아하다 / 1년
6) 이 만화책을 읽다 / 두 시간

연습3 다음과 같이 이야기해 봅시다.

한국어를 배운 지 얼마나 됐어요?

한국어를 배운 지 세 달이 됐어요.

1) 한국어를 배우다
2) 아침에 집에서 나오다
3) 그 자리에 앉다
4) 고등학교를 졸업하다

문법과 표현4 [동],[형]았/었으면 좋겠다

A: 지금 가장 그리운 사람은 누구예요?

B: 부모님이에요. 빨리 부모님을 **만났으면 좋겠어요**.

- 이 선물이 마음에 **들었으면 좋겠어요**.
- 이번 토픽 시험에 **합격했으면 좋겠습니다**.
- 언니처럼 나도 키가 **컸으면 좋겠어요**.
- 감기가 빨리 **나았으면 좋겠네요**.

연습1 맞게 연결하고 말해 봅시다.

상황	희망
1) 친구들과 아직 좀 어색해요.	날씨가 맑다
2) 아직 제주도에 못 가 봤어요.	빨리 친해지다
3) 집에서 학교까지 너무 멀어요.	제주도에 한번 가 보다
4) 내일 체육대회를 해요.	집이 학교에서 가깝다
5) 정말 열심히 공부했어요.	이번에는 성적이 오르다

친구들과 아직 좀 어색해요.
빨리 **친해졌으면 좋겠어요**.

연습2 **알맞은 말을 쓰고 이야기해 봅시다.**

1) A: 어떤 회사에 다녔으면 좋겠어요?

B: 월급을 많이 주는 회사에 다녔으면 좋겠어요.

2) A: 어디에서 살고 싶어?

B: 바닷가 근처에서 ______________________.

3) A: 난 새 휴대 전화가 있었으면 좋겠어.

B: 난 새 노트북이 ______________________.

4) A: 다음 주에 시험이 어려울까요? 쉬울까요?

B: 글쎄요. 시험이 ______________________.

5) A: 고향에 돌아가면 누구를 만나고 싶어요?

B: ______________________.

6) A: 10년 후에 뭘 했으면 좋겠어요?

B: ______________________.

듣고 말하기

1. 고향 친구들과 연락한 지 얼마나 되었습니까?

2. 듣고 질문에 답해 보십시오. 8-3

1) 여자는 지금 어디에서 살고 있습니까?

2) 듣고 맞는 것을 고르십시오.

① 남자는 다음 달에 결혼할 거예요.

② 여자는 6개월 전에 유학을 왔어요.

③ 남자는 요즘 고향 생각이 많이 나요.

④ 여자는 선생님께로부터 남자의 소식을 들었어요.

3. 다음과 같이 이야기해 봅시다.

한국에 온 지 얼마나 됐어요?

한국에 온 지 10개월이 됐어요.

지금 누가 가장 그리워요?

형이 제일 그리워요.

그 사람과 뭘 했으면 좋겠어요?

형이랑 자전거 여행을 했으면 좋겠어요.

읽고 쓰기

1. 누구에게 편지를 쓰고 싶습니까?

2. 읽고 질문에 대답해 보십시오.

수아에게

수아야, 안녕? 잘 지내고 있어?

고향에 돌아온 지 벌써 한 달이 되었어. 오랜만에 가족들과 함께 있어서 정말 행복해. 하지만 한국어를 잊어버리면 안 되니까 한국말로 편지를 쓰고 있어.

학교 친구들은 잘 지내? 친구들과 정이 많이 들었는데 헤어지게 되어서 너무 아쉬웠어. 친구들이 너무 그리워. 작년에 간 제주도 여행 기억나? 그때 정말 즐거웠는데……. 오늘은 제주도 여행이 생각나서 가족들과 해변에 다녀왔어. 거기에서 찍은 풍경 사진을 함께 보낼게. 너도 우리 고향에 한번 놀러 왔으면 좋겠어.

늘 건강하게 지내기를 바랄게. 친구들에게도 안부를 전해 줘. 다음에 또 쓸게. 안녕.

20xx. 10.21.

너의 벗 앤디

1) 앤디는 왜 한국말로 편지를 씁니까?

2) 읽고 맞지 않는 것을 고르십시오.

① 앤디는 지금 가족들과 함께 지내요.

② 앤디는 수아와 같이 제주도에 가 봤어요.

③ 앤디는 고향에 돌아온 지 1개월이 되었어요.

④ 앤디는 수아와 같이 찍은 풍경 사진을 보낼 거예요.

3. 친구에게 편지를 써 봅시다.

과제 활동

1. '지금'은 '50년 전'과 무엇이 다릅니까? 친구와 말해 봅시다.

50년 전

지금

강이 없어졌어요.
빌딩이 생겼어요.
......

차가 많아졌어요.
공기가 나빠졌어요.
......

2. 친구와 이야기해 봅시다.

1) 이번 주말에 뭘 했으면 좋겠어요?	
나	
친구	

2) 생일 선물로 뭘 받았으면 좋겠어요?	
나	
친구	

3) 크리스마스에 뭘 했으면 좋겠어요?	
나	
친구	

4) 어디로 여행을 갔으면 좋겠어요?	
나	
친구	

5) 졸업한 후에 뭘 했으면 좋겠어요?	
나	
친구	

8과 어휘 목록

- (사이가) 가깝다
- 강
- 고등학교
- 그동안
- 그립다
- 급하다
- 기온
- 깁스
- 낯설다
- 늘
- -도(°C)
- (3개월이) 되다
- 뚱뚱하다
- 만화책
- 바뀌다
- 바닷가
- 별일
- 보고서
- 보름
- 봉사 활동
- 뵙다
- 빌딩
- 사이
- 사탕
- 사흘
- 상황
- (밤을) 새우다
- 성적
- 세탁하다
- 소식
- 승진하다
- 아쉽다
- 안부
- 어색하다
- 어학원
- 예전
- 오래되다
- 오랜만
- 오르다
- 월급
- 유학하다
- 익숙하다
- 잊어버리다
- 잘되다
- (안부를) 전하다
- 점점
- 지저분하다
- 직장
- 출장
- 친하다
- 풍경
- 풍선
- 해변
- 헤어지다
- 희망
- 정이 들다

자기 평가

1. 한국에 와서 뭐가 달라졌어요?

2. 부모님과 연락한 지 얼마나 됐어요?

3. 졸업하고 뭘 했으면 좋겠어요?

문화 읽기

무소식이 희소식이다

무소식이 희소식이란 소식이 없는 것은 특별한 문제가 없이 잘 지낸다는 의미로 기쁜 소식과 같다는 말입니다. 예를 들어 멀리 유학을 간 자녀가 며칠 동안 연락이 없어도 걱정할 필요가 없습니다. 오히려 문제가 생겼을 때 연락이 오기 때문입니다.

모범 답안

1과

어휘

1. 생략

2. 1) 입학식 2) 집들이 3) 환영회
4) 돌잔치 5) 졸업식 6) 결혼식

문법과 표현1

1. 2) 집에서 잠을 자고 있을 거예요.
3) 도서관에서 시험공부를 할 거예요.
4) 기숙사 방에서 음악을 들을 거예요.
5) 집에서 음식을 만들 거예요.
6) 노래방에서 노래를 부를 거예요.

2. 2) 작을 거예요.
3) 비가 올 거예요.
4) 늦을 거예요.

3. 1) 매울 거예요. 2) 부산일 거예요.
3) 도착했을 거예요. 4) 걸릴 거예요.

문법과 표현2

1. 2) 한국말로 좀 써 주세요.
알겠어요. 써 줄게요.
3) 이 책 좀 찾아 주세요.
네, 찾아 드릴게요.
4) 이 단어 좀 가르쳐 주세요.
미안해요. 저도 잘 모르겠어요.
5) 책상이 무거우니까 좀 도와주세요.
그래요. 같이 들어요.

2. 1) 포장해 주시겠어요?
2) 안내해 드리겠습니다.
3) 닫아 줄래요?
4) 바꿔 드리겠습니다.
5) 말해 주시겠습니까?

3. 1) 도와드릴까요?
2) 찍어 주세요.
3) 설명해 줄게요.
4) 빌려 줄까요?
5) 바꿔 주세요.
6) 만들어 주셨어요.

듣기

2. 1) 다니엘 씨가 취직을 해서 축하 파티를 합니다.
2) ① O ② X ③ O

말하기

1. 1) 수아의 집에 갔습니다.
2) 소피아는 수아에게 화장지를 선물했습니다.

문법과 표현3

1. 2) 이번 시험이 어려울까요?
네, 이번 시험이 어려울 거예요.
3) 저 가게에서 시계를 팔까요?
네, 저 가게에서 시계를 팔 거예요.
4) 선생님이 지금 바쁘실까요?
네, 선생님이 지금 바쁘실 거예요.
5) 아만다 씨가 김치를 잘 먹을까요?
네, 아만다 씨가 김치를 잘 먹을 거예요.
6) 지금 도서관에 사람이 많을까요?
네, 지금 도서관에 사람이 많을 거예요.

2. 2) 열까요? 3) 비쌀까요? 4) 몇 살일까요?
5) 갔을까요? 6) 좋을까요?

문법과 표현4

1. 1) 시원한 주스 2) 같은 모자 3) 먼 고향
4) 재미있는 드라마 5) 파란 하늘

2. 2) 긴 / 짧은 3) 맛있는 / 맛없는
4) 어려운 / 쉬운

3. 생략

듣고 말하기

2. 1) 결혼식 초대를 받았습니다.
2) ① O ② O ③ X

3. 1) 홍길동과 성춘향이 결혼을 합니다.
2) 결혼식은 10월 25일 오후 1시에 합니다.
3) 결혼식은 행복 결혼식장에서 합니다.
4) 지하철 2호선을 타고 갑니다. 500번 버스를 타고 갑니다.

읽고 쓰기

2. 1) 선생님 딸의 돌잔치에 갔습니다.
2) ①

2과

어휘

1. 생략

문법과 표현1

1. 2) 한글을 읽을 줄 알아요?
네, 한글을 읽을 줄 알아요. /
아니요, 한글을 읽을 줄 몰라요.
3) 혼자 한복을 입을 줄 알아요?
네, 혼자 한복을 입을 줄 알아요. /
아니요, 혼자 한복을 입을 줄 몰라요.
4) 피아노를 칠 줄 알아요?
네, 피아노를 칠 줄 알아요. /
아니요, 피아노를 칠 줄 몰라요.
5) 자전거를 탈 줄 알아요?
네, 자전거를 탈 줄 알아요. /
아니요, 자전거를 탈 줄 몰라요.
6) 빵을 만들 줄 알아요?
네, 빵을 만들 줄 알아요. /
아니요, 빵을 만들 줄 몰라요.

2. 1) 젓가락을 사용할 줄 몰라요.
2) 한국어로 자기소개를 할 줄 알아요.
3) 만들 줄 알아요.
4) 베트남어를 읽을 줄 몰라요.

3. 1) 수미와 윌슨과 유카가 춤을 출 줄 알아요.
2) 윌슨과 유카가 수영을 할 줄 알아요.
3) 수미와 윌슨이 스키를 탈 줄 알아요.
4) 유카가 운전을 할 줄 몰라요.
5) 기타를 칠 줄 몰라요.

문법과 표현2

1. 2) 번지 점프를 해 봤어요?
네, 번지 점프를 해 봤어요. /
아니요, 번지 점프를 안 해 봤어요.
3) 이 노래를 들어 봤어요?
네, 이 노래를 들어 봤어요. /
아니요, 이 노래를 안 들어 봤어요.
4) 민속촌에 가 봤어요?
네, 민속촌에 가 봤어요. /
아니요, 민속촌에 안 가 봤어요.
5) 삼겹살을 구워 봤어요?
네, 삼겹살을 구워 봤어요. /
아니요, 삼겹살을 안 구워 봤어요.
6) 한국어로 편지를 써 봤어요?
네, 한국어로 편지를 써 봤어요. /
아니요, 한국어로 편지를 안 써 봤어요.

2. 1) 제주도에 가 봤어요? 아니요, 안 가 봤어요.
경치가 아름다우니까 한번 가 보세요. 네, 꼭 가 볼게요.

2) 김밥을 만들어 봤어요? 아니요, 안 만들어 봤어요. 어렵지 않으니까 한번 만들어 보세요. 네, 꼭 만들어 볼게요.
3) 이 앱을 사용해 봤어요? 아니요, 안 해 봤어요. / 정말 편리하니까 한번 사용해 보세요. 네, 꼭 사용해 볼게요.
4) 태권도를 배워 봤어요? 아니요, 안 배워 봤어요. / 쉽고 재미있으니까 한번 배워 보세요. 네, 꼭 배워 볼게요.
5) 닭갈비를 먹어 봤어요? 아니요, 안 먹어 봤어요. / 맵지 않고 맛있으니까 한번 먹어 보세요. 네, 꼭 먹어 볼게요.
6) 독립기념관에 가 봤어요? 아니요, 안 가 봤어요. / 한국 역사를 배울 수 있으니까 한번 가 보세요. 네, 꼭 가 볼게요.

3. 1) 먹어 봤어요? 2) 살아 봤어요?
3) 해 봤어요. 4) 신어 보세요.
5) 가 봅시다. 6) 불러 봤어요?

듣기

2. 1) 금요일 오후 3시에 합니다.
2) ① X ② X ③ O

말하기

1. 1) 요리입니다. 2) 네, 낚시를 할 줄 압니다.

문법과 표현3

1. 2) 가방이 무거운데 좀 도와주세요.
3) 비가 많이 오는데 택시를 타고 갈까요?
4) 바지가 좀 작은데 바꿔 주시겠습니까?
5) 산 근처에서 사는데 공기가 아주 좋아요.
6) 삼계탕을 좋아하는데 비싸서 자주 먹을 수 없어요.

2. 1) 키워 봤는데 2) 한라산인데 3) 좋은데
4) 만드는데 5) 타고 오는데 6) 먼데

문법과 표현4

1. 2) 친구야? 아니, 동생이야.
3) 누구야? 형이야.
4) 토요일이야? 응, 토요일이야.
5) 몇 살이야? 스물네 살이야.
6) 일본 사람이야? 응, 일본 사람이야.

2. ② 편지 써. / 편지 썼어. / 편지 쓸 거야.
③ 게임해. / 게임했어. / 게임할 거야.
④ 책 읽어. / 책 읽었어. / 책 읽을 거야.
⑤ 음악 들어. / 음악 들었어. / 음악 들을 거야.
⑥ 빵 만들어. / 빵 만들었어. / 빵 만들 거야.

3. 1) 이번 여행 어땠어?
아주 즐거웠어.
2) 내일 날씨가 어떨까?
내일은 시원할 거야.
3) 우리 몇 시에 만날까?
오후 2시에 만나자.
4) 가방이야?
아니, 가방이 아니야. 지갑이야.
5) 우혁아, 뜨거우니까 만지지 마.
응, 알겠어.
6) 예나야, 영화 자주 봐?
응, 내 취미가 영화 감상이야.
7) 진수야, 우리 택시 타고 갈까?
택시 타지 말자. 가까우니까 걸어가자.
8) 내일 몇 시에 올래?
2시에 갈게.

4. 2) 엄마, 뭐 드실래요?
인삼차 마실래.
3) 도서관에 사람 많아?
아니, 별로 없어서 조용해.
4) 지수야, 내일 늦지 마.
응, 늦지 않을게.
5) 우혁아, 지금 공부해?
아니, 영화 보고 있어.
6) 민수야, 시간 없어 빨리 와.
응, 알겠어. 금방 갈게.

듣고 말하기

2. 1) 강원도에 갈 겁니다. 2) ②

읽고 쓰기

2. 1) 다니엘의 취미: 자전거 타기 /
미나의 취미: 화폐 모으기
2) ① O ② O ③ X ④ X

3과

어휘

1. 1) 5월 20일 토요일 오전 11시에 갈 거예요.
2) 성인 2명과 어린이 2명 예약했어요.
3) 이민석 이름으로 예약했어요.
4) 010-1234-5678번이에요.
5) 하루 전날까지 취소할 수 있어요.

2. 2) 머리를 다듬어요. 3) 머리를 감아요.
4) 파마해요. 5) 염색해요.
6) 드라이해요.

문법과 표현1

1. 2) 전화나 문자 3) 구두나 가방
4) 토요일이나 일요일 5) 책이나 신문

2. 1) 사과 주스나 오렌지 주스를 마실래요.
2) 빵이나 시리얼을 먹어요.
3) 고속버스나 케이티엑스로 가요.
4) 코미디 영화나 멜로 영화를 볼 거예요.
5) 문자나 전화로 연락해요.
6) 미국이나 캐나다를 여행하고 싶어요.

3. 1) 휴지나 세제가 어때요?
2) 휴대폰이나 노트북이 어때요?
3) 남산서울타워나 L타워가 어때요?

문법과 표현2

1. 2) 집에서 쉬고 있는데요.
3) PC방에서 인터넷을 하는데요.
4) 친구 집에서 노는데요.

2. 2) 바쁜데요. 3) 맵지 않은데요.
4) 큰데. 5) 우체국인데요.
6) 했는데요.

3. 2) 아산에서 사는데요. 왜요?
3) 김 선생님을 만나러 왔는데요.
4) 아니요, 지금 안 계시는데요.
5) 예약을 취소하고 싶은데요.

듣기

2. 1) ④ 2) ① O ② X ③ X

말하기

1. 1) 타냐가 점심에 피자를 먹었습니다.
2) '코팡 앱'으로 주문할 겁니다.

문법과 표현3

1. 2) 깨끗하게 3) 귀엽게 4) 늦게
5) 행복하게 6) 싸게

2. 2) 재미있게 3) 쉽게
4) 멋있게 5) 맵지 않게

문법과 표현4

1. 2) 눈이 많이 내리네요. 3) 길이 너무 막히네요.
4) 바다가 정말 아름답네요. 5) 집이 크고 좋네요.
6) 반찬이 진짜 많네요.

2. 2) 걸리네요. 3) 마시네요.
4) 멋있네요. 5) 샀네요.

3. 2) 한국말이 좀 어렵네요. 그러네요. 정말 어렵네요.
3) 배달이 정말 빠르네요. 그러네요. 정말 빠르네요.
4) 은정 씨가 그림을 잘 그리네요. 그러네요. 그림을 잘 그리네요.

듣고 말하기

2. 1) 미용사입니다. 2) ②

읽고 쓰기

2. 1) ② 2) ① O ② X

4과

어휘

1. 2) 제 고향은 공기가 맑아요.
3) 제 고향은 해산물이 유명해요.
4) 제 고향은 관광지가 많아요.
5) 제 고향은 바닷가에 있어요.
6) 제 고향은 인구가 많아요.
7) 제 고향은 물가가 비싸요.
8) 제 고향은 거리가 복잡해요.

2. 생략

문법과 표현1

1. 2) 자전거를 탈 수 있어요?
아니요, 저는 자전거를 타지 못해요. / 못 타요.
3) 수영을 할 수 있어요?
아니요, 저는 수영을 하지 못해요. / 못 해요.
4) 술을 마실 수 있어요?
아니요, 저는 술을 마시지 못해요. / 못 마셔요.
5) 중국어 책을 읽을 수 있어요?
아니요, 저는 중국어 책을 읽지 못해요. / 못 읽어요.
6) 김치찌개를 먹을 수 있어요?
아니요, 저는 김치찌개를 먹지 못해요. / 못 먹어요.

2. 2) 이 영화 봤어?
영화표가 매진돼서 못 봤어.
3) 아까 왜 전화 안 받았어요?
운전하고 있어서 못 받았어요.
4) 이따가 모임에 가지요?
오늘은 약속이 있어서 못 가요.
5) 그 치마 예쁜데 왜 안 사?
돈이 부족해서 못 사.

3. 1) 검색을 하지 못해요.
2) 축구를 하지 못해요. / 운동을 하지 못해요.

문법과 표현2

1. 2) 닭갈비가 어때요?
맵지만 맛있어요.
3) 집이 어때요?
학교에서 멀지만 싸고 좋아요.
4) 새 구두가 어때요?
예쁘지만 불편해요.

2. 1) 좋아하지만
2) 재미있지만
3) 마음에 들지만
4) 읽었지만
5) 가 봤지만
6) 했지만

3. 1) 빠르지만 비싸요.
2) 편리하지만 복잡해요.
3) 날씨가 춥지만 눈이 와서 좋아요.
4) 어렵지만 재미있어요.

듣기

2. 1) ①
2) ① X ② O

말하기

1. 1) 가족들과 함께 식사도 하고 이야기도 많이 나눴습니다.
2) 기숙사 친구들과 같이 송편을 만들고 보름달도 봤습니다.

문법과 표현3

1. 2) 경주보다 멀어요.
3) 수아보다 키가 커요.
4) 비빔밥보다 매워요.

2. 2) 저는 도시보다 시골을 더 좋아해요.
저는 시골보다 도시를 더 좋아해요.
3) 한국보다 고향이 더 추워요.
고향보다 한국이 더 추워요.
4) 돈보다 건강이 더 중요해요.
건강보다 돈이 더 중요해요.
5) 읽기보다 듣기가 더 어려워요.
듣기보다 읽기가 더 어려워요.
6) 구두보다 운동화가 더 많아요.
운동화보다 구두가 더 많아요.

문법과 표현4

1. 2) 쉰다.
3) 우체국이다.
4) 열지 않는다.
5) 갔다.
6) 신선하지 않다.
7) 휴일이 아니다.
8) 살 것이다.

2. 1) 추석에 송편을 만든다.
2) 호텔은 내가 벌써 예약했다.
3) 방학에 부산에 가고 싶다.
4) 내 고향은 커피가 유명하다.
5) 설날에도 차례를 지낸다.
6) 서울은 거리가 복잡할 것이다.
7) 어제가 내 생일이었다.
8) 나는 떡국을 먹어 봤다.

3. ① 제주도이다.
② 따뜻하다.
③ 간다.
④ 먹는다.
⑤ 맛있다.

듣고 쓰기

2. 1) 호주 시드니입니다.
2)

①	☐	☑
②	☑	☐
③	☑	☐

읽고 말하기

2. 1) 한국 친구 집에 갔습니다.
2) ① X ② X ③ O

5과

어휘

1.

예의가 있어요.	예의가 없어요.
· 고개를 숙여요.	· 왼손으로 악수를 해요.
· 높임말을 해요.	· 손을 흔들어요.
· 자리를 양보해요.	· 한 손으로 물건을 받아요.

3. 1) 심심하다 2) 실수하다 3) 긴장하다 4) 이해하다

문법과 표현1

1. 2) 음악을 들어도 돼요? 네, 음악을 들어도 돼요.
3) 1시에 출발해도 돼요? 네, 1시에 출발해도 돼요.
4) 여기에 누워도 돼요? 네, 여기에 누워도 돼요.
5) 휴게실에서 쉬어도 돼요? 네, 휴게실에서 쉬어도 돼요.
6) 표를 미리 사도 돼요? 네, 표를 미리 사도 돼요.

2. 1) 열어도 돼요. 2) 들어가도 돼요?
3) 전화해도 돼요? 4) 가도 돼요?
5) 질문해도 돼요. 6) 버려도 돼요.

문법과 표현2

1. 2) 도서관에 가서 책을 빌려요.
3) 의자에 앉아서 커피를 마셔요.
4) 편지를 써서 보내요.

2. 2) 컴퓨터를 켜서 이메일을 확인하겠습니다.
3) 약국에 가서 약을 샀어요.
4) 사진을 찍어서 SNS에 올릴까요?
5) 전화를 걸어서 피자를 주문했어요.
6) 열심히 연습해서 말하기 대회에 나갈 거예요.

3. 먹고, 입고, 가서, 가서, 하고, 만나서, 보고, 타고, 하고, 쓰고

듣기

2. 1) 기숙사에서 먹을 겁니다. 2) ②

말하기

1. 1) 한국 문화를 잘 몰라서 힘들었습니다.
2) 케이팝 댄스를 배우고 싶어 합니다.

문법과 표현3

1. 1) 동영상을 촬영하면 안 돼요. 의자 위에 다리를 올리면 안 돼요.
2) 큰소리로 통화하면 안 돼요. 버스에 음료수를 들고 타면 안 돼요.

2. 1) 쓰레기를 버리면 안 돼요. 2) 운전하면 안 돼요.
3) 들어가면 안 돼요. 4) 주차하면 안 돼요.
5) 앉으면 안 돼요.

문법과 표현4

1. 2) 시계가 고장 났으니까 고치러 가야 해요.
3) 감기에 걸렸으니까 약을 먹고 푹 쉬어야 해요.
4) 지금 한국 돈이 없으니까 돈을 바꿔야 해요.
5) 기차에 빈자리가 없으니까 서서 가야 해요.

2. 1) 열심히 공부해야 해요.
2) 운동을 해야 해요.
3) 조용히 해야 해요. / 텔레비전을 꺼야 해요.
4) 돈을 모아야 해요. / 여권을 만들어야 해요.

듣고 말하기

2. 1) 기숙사에 규칙이 많아서 힘듭니다.
2) ① X ② O ③ O

읽고 쓰기

2. 1) ② 2) ③

3. 1) 돈이 많으면 세계 여행을 가고 싶어요.
2) 시간이 있으면 태권도를 배울 거예요.
3) 친구가 약속 시간에 오지 않으면 전화부터 할 거예요.
4) 감기에 걸리면 따듯한 차를 마시고 잠을 많이 자야 해요.
5) 길에서 돈을 주우면 경찰서에 갖다 줄 거예요.

6과

어휘

2. 2) 좌회전해서 대사관 앞에서 세워 주세요.
3) 직진해서 학교 앞에서 세워 주세요.
4) 유턴해서 빵집 앞에서 세워 주세요.

문법과 표현1

1. 1) PC방이 어디에 있어요? 2층으로 올라가세요.
2) 약국이 어디에 있어요? 건물 안으로 들어가세요.
3) 주차장이 어디에 있어요? 지하 1층으로 내려가세요.
4) 병원이 어디에 있어요? 3번 출구로 나가세요.

2. 1) 바다로
2) 천안역으로
3) 운동장으로
4) 왼쪽으로 가세요.

문법과 표현2

1. 2) 배가 고프면 같이 식당에 갈까요?
3) 열심히 공부하면 합격할 수 있어요.
4) 마음에 들면 입어 보세요.
5) 다리가 나으면 농구를 하고 싶어요.

2. 1) 비가 오면, 날씨가 맑으면
2) 막히면, 안 막히면
3) 돈이 있으면, 돈이 없으면
4) 추우면, 더우면

듣기

2. 1) ①
2) ① O ② X ③ X

말하기

1. 1) 걸어서 10분쯤 걸립니다.
2) 은행은 편의점 건물 2층에 있습니다.

문법과 표현3

1. 1) 커피를 마시려고 해요.
2) 수영을 하려고 해요.
3) 잠을 자려고 해요.
4) 컵라면을 먹으려고 해요.

2. 1) 제주도에 가려고 해요. 비행기를 타고 갈 거예요?
네, 그래서 이따가 비행기표를 알아보려고 해요.
2) 대전에 가려고 해요. 버스를 타고 갈 거예요?
네, 그래서 이따가 버스표를 사려고 해요.
3) 경주에 가려고 해요. KTX를 타고 갈 거예요?
네, 그래서 이따가 기차표를 사려고 해요.

3. 1) 만들려고 해요.
2) 걸으려고 해요.
3) 전공하려고 해요.
4) 공부하려고 해요.
5) 병원에 가려고 해요.

문법과 표현4

1. 2) 목요일마다
3) 8시간마다
4) 계절마다
5) 층마다

2. 1) 날마다
2) 일요일마다
3) 5분마다
4) 쉬는 시간마다
5) 교실마다
6) 사람마다 성격이 모두 달라요.

듣고 말하기

2. 1) 지하철을 타고 가려고 해요.
2) ③

읽고 말하기

2. 1) 인주 공원에서 합니다.
2) ④

7과

어휘

1. 2) 소포를 포장하고 있어요.
3) 테이프를 붙이고 있어요.
4) 주소를 적고 있어요.
5) 무게를 재고 있어요.
6) 편지를 부치고 있어요.

2. 2) 통장을 만들어요.
3) 비밀번호를 눌러요.
4) 송금해요.
5) 출금해요.
6) 입금해요.
7) 환전해요.
8) 잔액을 조회해요.

문법과 표현1

1. 2) 왜 약속 시간에 늦었어요?
교통사고 때문에 늦었어요.
3) 왜 컴퓨터가 고장이 났어요?
바이러스 때문에 고장이 났어요.
4) 왜 공부 시간이 부족해요?
아르바이트 때문에 부족해요.
5) 왜 아이가 공부를 안 해요?
게임 때문에 공부를 안 해요.

2. 2) 회의 때문에 3) 친구 때문에
4) 동생 때문에 5) 일 때문에

3. 1) 토요일이라서 2) 숙제 때문에
3) 회의 중이라서 4) 눈 때문에

문법과 표현2

1. 2) 마신, 마시는, 마실 3) 읽은, 읽는, 읽을
4) 푼, 푸는, 풀 5) 들은, 듣는, 들을
6) 구운, 굽는, 구울

2. 1) ① 공항은 무엇을 하는 곳이에요?
비행기를 타는 곳이에요.
② 도서관은 무엇을 하는 곳이에요?
책을 읽는 곳이에요.
③ 교실은 무엇을 하는 곳이에요?
배우는 곳이에요.
2) ① 가수는 무엇을 하는 사람이에요?
노래를 부르는 사람이에요.
② 사진사는 무엇을 하는 사람이에요?
사진을 찍는 사람이에요.
③ 요리사는 무엇을 하는 사람이에요?
요리를 하는 사람이에요.

3) ① 뭐 하는 것을 좋아해요?
   춤 추는 것을 좋아해요.
   ② 뭐 하는 것을 좋아해요?
   스케이트보드 타는 것을 좋아해요.
   ③ 뭐 하는 것을 좋아해요?
   산책하는 것을 좋아해요.

3. 1) 남동생이에요. 2) 언니예요.
3) 오빠예요. 4) 아버지예요.

4. 2) 갈 3) 치는 4) 온 5) 드릴 6) 받은 7) 빌린

듣기

2. 1) ② 2) ④

말하기

1. 1) 소포를 부치러 갔습니다.
2) 15,000원입니다.

문법과 표현3

1. 2) 선생님께로부터 칭찬을 들어서요.
3) 남자친구에게서(한테서) 선물을 받아서요.
4) 원장님께로부터 상장을 받아서요.
5) 학생에게서(한테서) 꽃을 받아서요.
6) 친구에게서(한테서) 전화가 와서요.

2. 1) 형에게서(한테서) 2) 선배에게서(한테서)
3) 선생님께로부터 4) 진영에게서(한테서)
5) 아버지께로부터

3. 께, 에게, 께로부터, 한테서

문법과 표현4

1. 1) 비밀번호를 눌러 주시기 바랍니다.
2) 안전한 여행을 하기 바랍니다.
   즐거운 시간을 보내기 바랍니다.
3) 꿈이 이루어지기 바랍니다.
   좋은 회사에 취직하기 바랍니다.

2. 2) ㉠ 3) ㉢ 4) ㉡

3. 1) 합격하기 바랄게. 2) 나으시기 바랄게요.
3) 신청하기 바랍니다. 4) 생기기 바라요.

듣고 말하기

2. 1) 우체국에 갔습니다.
2) ① ㉢, ㉣ ② ㉠ ③ ㉡
3) ②

읽고 쓰기

2. 1) ① O ② X ③ X 2) ④

3. <가> 화장실 공사, 화장실을 이용할 수, 이용해 주시기 바랍니다.
<나> 역사 프로그램, 토요일마다, 시청 홈페이지에서, 없습니다.

8과

문법과 표현1

1. 2) ① 작아졌어요.
   ② 풍선이 커졌어요.
3) ① 많아졌어요.
   ② 사탕이 적어졌어요.

4) ① 짧아졌어요.
② 머리가 길어졌어요
5) ① 추워졌어요.
② 날씨가 더워졌어요.

2. 2) 깨끗해졌어요.
3) 비싸졌어요.
4) 없어졌어요.
5) 더워졌어요.

3. 1) 건강이 안 좋아요. 매일 운동하면 건강해질 거예요.
2) 성적이 안 좋아요. 열심히 공부하면 성적이 좋아질 거예요.
3) 기숙사 생활이 불편해요. 시간이 지나면 괜찮아질 거예요.
4) 매일 게임을 3시간씩 하고 있어요. 너무 많이 하면 눈이 나빠질 거예요.

문법과 표현2

1. 2) 어떻게 한국에서 살게 됐어요?
한국 사람과 결혼해서 한국에서 살게 되었어요.
3) 어떻게 한국 요리를 배우게 됐어요?
한국 음식에 관심이 많아서 한국 요리를 배우게 되었어요.
4) 어떻게 한국말을 잘하게 됐어요?
어학원에서 열심히 공부해서 한국말을 잘하게 되었어요.

2. 2) 문을 닫게 됐어요.
3) 헤어지게 됐어.
4) 이사를 가게 됐어요.
5) 보게 돼요.
6) 밤을 새우게 됐어요.

듣기

2. 1) 금요일에 선생님을 만나고 싶어서 전화했습니다.
2) ④

말하기

1. 1) 대학원에 다니게 되었습니다.
2) 대학 생활에 익숙해지고 한국 친구도 사귀게 되었습니다.

문법과 표현3

1. 2) 머리를 자른 지 2주일이 되었어요.
3) 번호표를 뽑은 지 10분이 되었어요.
4) 취직을 한 지 6개월이 되었어요.
5) 고향 음식을 안 먹은 지 1년 반이 되었어요.

2. 1) 언제부터 춤을 배웠어요? 춤을 배운 지 한 달이 되었어요.
2) 언제부터 깁스를 했어요? 깁스를 한 지 4개월이 되었어요.
3) 언제부터 기숙사에서 살았어요? 기숙사에 산 지 보름이 되었어요.
4) 언제부터 남자친구와 사귀었어요? 남자친구와 사귄 지 하루가 되었어요.
5) 언제부터 그 가수를 좋아했어요? 그 가수를 좋아한 지 1년이 되었어요.
6) 언제부터 이 만화책을 읽었어요? 이 만화책을 읽은 지 두 시간이 되었어요.

3. 생략

문법과 표현4

1. 2) 아직 제주도에 못 가 봤어요. 제주도에 한번 가 봤으면 좋겠어요.
3) 집에서 학교까지 너무 멀어요. 집이 학교에서 가까웠으면 좋겠어요.
4) 내일 체육대회를 해요. 날씨가 맑았으면 좋겠어요.
5) 정말 열심히 공부했어요. 이번에는 성적이 올랐으면 좋겠어요.

2. 2) 살았으면 좋겠어.
3) 있었으면 좋겠어.
4) 쉬웠으면 좋겠어요.
5) 고향에 돌아가면 친구들을 만났으면 좋겠어요.
6) 10년 후에 좋은 회사에서 일했으면 좋겠어요.

듣고 말하기

2. 1) 여자는 지금 한국에서 살고 있습니다.
2) ②

읽고 쓰기

2. 1) 한국어를 잊어버리면 안 되니까 한국말로 편지를 씁니다.
2) ④

듣기 지문

1과 듣기

남자: 디니엘 씨가 취직을 해서 축하 파티를 할 거예요.
여자: 그래요? 언제 해요?
남자: 이번 주 토요일에 해요. 타냐 씨도 올래요?
여자: 네, 갈게요. 장소는 어디예요?
남자: 아직 안 정했어요. 나중에 말해 줄게요. 히엔 씨도 올 수 있어요?
여자: 네, 주말에는 아르바이트가 없으니까 아마 히엔 씨도 갈 수 있을 거예요.

1과 듣고 말하기

여자: 여보세요. 진호 씨, 지금 통화 괜찮아요?
남자: 네, 괜찮아요. 무슨 일이에요?
여자: 저 민정 씨 결혼식에 가요. 진호 씨도 청첩장 받았지요?
남자: 네, 저도 결혼식 초대를 받았어요.
여자: 그런데 결혼식 선물로 뭐가 좋을까요?
남자: 한국에서는 보통 축의금을 줘요. 그런데 요즘은 친구가 필요한 물건을 선물하니까 민정 씨한테 물어보세요.
여자: 알겠어요. 고마워요.

2과 듣기

남자: 유미 씨, 볼링 칠 줄 알아요?
여자: 아니요, 칠 줄 몰라요. 한 번도 안 쳐 봤어요.
남자: 그럼 우리 볼링 모임에 들어올래요?
여자: 네, 좋아요. 그런데 제가 잘할 수 있을까요?
남자: 괜찮아요. 선배들이 잘 가르쳐 줄 거예요. 너무 걱정하지 마세요.
여자: 그래요? 모임은 언제 어디서 해요?
남자: 금요일 오후 3시에 '우주 볼링장'에서 해요.

2과 듣고 말하기

여자: 민철이, 이번 방학에도 여행 다녀왔지?
남자: 응, 이번에는 강원도에 다녀왔어. 너도 강원도에 가 봤어?
여자: 응, 나는 작년 여름에 가 봤어.
바다에서 수영도 하고 맛있는 음식도 먹었어.
남자: 그래? 나는 이번 여행에서 새로운 취미가 생겼어.
이번에 스키를 처음 타 봤는데 정말 재미있었어.
그래서 다음 주에 또 갈 거야. 너도 같이 갈래?
여자: 그래, 좋아. 같이 가자. 나도 스키를 타 보고 싶어.

3과 듣기

남자: 여보세요. 글로벌 호텔이죠? 제가 이번 주 목요일로 방을 예약했는데요. 토요일로 바꾸고 싶어서요.
여자: 네, 그럼 먼저 성함과 연락처 좀 말씀해 주시겠습니까?
남자: 네, 저는 장슈오입니다. 연락처는 010-1234-5678입니다.
여자: 네, 장슈오님. (타이핑 소리) 죄송한데요. 이번 주 주말은 예약이 모두 끝났습니다. 다음 주 토요일은 예약이 가능한데 어떠세요?
남자: 아, 그래요? 그럼, 다음 주 금요일로 바꿔 주세요.

3과 듣고 말하기

남자: 어서 오세요. 예약하셨죠?
여자: 네, 아만다 이름으로 2시에 예약했어요.
남자: 네, 여기 앉으세요. 머리를 어떻게 하실 거예요?
여자: 갈색이나 노란색으로 염색을 하고 싶어요. 어떤 색이 어울릴까요?
남자: 다 잘 어울리실 거예요. 그런데 머리카락 끝이 좀 상했네요. 좀 잘라 드릴까요?
여자: 그래요? 그럼 너무 짧지 않게 잘라 주세요. 그리고 갈색으로 염색해 주세요.

4과 듣기

남자: 이 사진 정말 멋있네요. 여기가 아야카 씨 고향이에요?
여자: 네, 제 고향은 바닷가에 있는 작은 시골 마을이에요. 그래서 친구들과 바닷가에서 자주 낚시를 했어요.
남자: 그래요? 저는 낚시를 한 번도 해 보지 못했어요.
여자: 왕총 씨 고향은 어떤 곳이에요?
남자: 제 고향은 큰 기차역이 있는 도시예요. 그래서 물가가 좀 비싸지만 교통이 편리하고 유명한 식당이 많아요.

4과 듣고 쓰기

남자: 내 고향은 호주 시드니이다. 시드니는 날씨가 항상 따뜻해서 겨울에도 눈이 내리지 않는다. 그리고 한국은 크리스마스가 겨울이지만 호주는 여름이라서 분위기가 많이 다르다. 시드니는 바닷가에 있는 큰 도시여서 항상 사람들이 많지만 서울보다 복잡하지 않다. 그리고 경치가 아름답고 유명한 관광지가 많다. 음식 중에서는 해산물 요리가 특히 신선하고 맛있다. 나는 고향이 정말 그립다.

5과 듣기

남자: 아, 너무 배고프다.
여자: 나도, 배고파. 우리 저기 정류장 앞에 있는 햄버거 가게에서 햄버거 먹고 갈까?
남자: 늦었으니까 그냥 햄버거랑 음료수 사서 버스에서 먹자.
여자: 아, 그건 안 돼. 한국에서는 버스에서 음식을 먹을 수 없어.
남자: 진짜? 우리나라에서는 먹어도 되는데. 그럼 빨리 기숙사에 가서 배달시키자.

5과 듣고 말하기

남자: 아만다, 지금도 기숙사에 살지? 기숙사 생활은 어때?
여자: 여러 나라 친구들과 생활하니까 재미있어. 그리고 외롭지 않아서 좋아. 그런데 기숙사에 규칙이 많아서 좀 힘들어.
남자: 그래? 나도 기숙사에서 살고 싶어서 고민 중인데 어떤 규칙이 있어?
여자: 방 안에서 음식을 만들어서 먹을 수 없어. 그리고 밤늦게 들어가면 안 돼.
남자: 몇 시까지 들어가야 해?
여자: 11시까지 꼭 들어가야 해. 그래서 가끔 좀 불편해.

6과 듣기

남자: 어서 오세요. 어디까지 가십니까?
여자: 고속버스 터미널로 가 주세요.
남자: 네, 근데 지금은 퇴근 시간이라서 글로벌대학교 쪽으로 가면 길이 막혀요. 시청 쪽으로 가도 괜찮지요?
여자: 네, 괜찮아요.

....

남자: 손님, 거의 다 왔는데요. 어디에 세워 드릴까요?
여자: 저기 사거리에서 우회전해서 세워 주세요.
남자: 네, 요금은 8,900원입니다.

6과 듣고 말하기

여자: 유토야, 이번 주말에 '조이월드'에 가려고 하는데 같이 갈래?

남자: 좋아. 나도 가고 싶었는데 못 가 봤어. 그런데 거기까지 어떻게 가?

여자: 내가 인터넷으로 검색해 봤는데 버스로 갈 수 있어. 버스는 20분마다 있어.

남자: 그래? 주말인데 길이 막히지 않을까? 지하철로도 갈 수 있어?

여자: 응, 1호선을 타고 시청역까지 가서 거기서 2호선으로 갈아타면 잠실역까지 갈 수 있어. 잠실역 1번 출구로 나가면 바로 '조이월드'가 있어.

남자: 그럼 우리 지하철 타고 가자.

여자: 좋아. 그럼 토요일 오전 9시에 서울역 1번 출구 앞에서 만나자.

7과 듣기

여자: 23번 고객님, 어서 오세요. 뭘 도와 드릴까요?

남자: 환전 때문에 왔는데요. 500달러를 한국 돈으로 좀 바꾸고 싶어요.

여자: 고객님 신분증이 필요한데 가지고 오셨어요?

남자: 네, 외국인등록증도 괜찮아요?

여자: 네, 괜찮습니다. 먼저 신분증 주시고 여기에 환전하실 금액과 성함을 써 주세요. 그리고 사인도 해 주세요.

남자: 네, 알겠습니다.

7과 듣고 말하기

남자: 그저께 나는 부모님께로부터 소포를 받았습니다. 그래서 나도 오늘 부모님과 동생에게 선물을 보내러 우체국에 갔습니다. 아버지께서는 김과 인삼차를 좋아하시고 어머니께서는 한국 화장품을 아주 좋아하십니다. 그리고 동생은 곧 초등학교에 입학하니까 선물로 가방을 샀습니다. 가족에게 보낼 선물은 우체국에서 포장했습니다. 선물이 많아서 소포가 무거웠습니다. 그래서 비용 때문에 배로 보냈습니다. 배로 보내면 시간이 많이 걸리지만 요금이 싸서 좋습니다.

8과 듣기

여자: 여보세요, 선생님. 저 룰라예요.

남자: 어머나~ 룰라 씨, 반가워요. 서울에서 회사는 잘 다니고 있죠?

여자: 네, 잘 다니고 있어요. 요즘은 일도 익숙해지고 회사 사람들과도 친해져서 좋아요.

남자: 많이 걱정했는데 다행이네요.

여자: 그런데 선생님, 이번 주 금요일에 시간 되세요? 제가 천안으로 출장을 가게 됐는데 시간 되시면 잠깐 뵙고 싶어요.

남자: 좋아요. 금요일 오전에는 수업 때문에 안 되고 오후에는 시간이 있어요.

여자: 그럼, 금요일 오후에 제가 학교로 갈게요. 그때 봬요.

8과 듣고 말하기

남자: 여보세요. 히엔.

여자: 어머, 바오. 오랜만이야. 잘 지냈어?

남자: 응, 나는 잘 지내. 나 어제 고등학교 영어 선생님 결혼식에 다녀왔는데 거기서 네 소식을 들었어. 그래서 생각나서 연락했어.

여자: 그래? 그 선생님 정말 좋았는데 결혼식에 못 가서 너무 아쉽다.

남자: 선생님도 너 보고 싶어 하셨어. 너 한국에 간 지 얼마나 됐어?

여자: 한국에 유학 온 지 6개월이 지났어. 그래서 요즘 고향 생각도 많이 나고 친구들도 보고 싶어.

남자: 그럼 베트남에는 언제 올 거야? 네가 오면 친구들이랑 다 같이 만났으면 좋겠어.

여자: 다음 달이 방학이니까 갈 수 있을 거야. 그때 보자.